MERIAN
Reiseführer

London

Heidede Carstensen | Sünje Carstensen

AF151679

HELLO LONDON!

BLOOMSBURY UND CLERKENWELL

Bloomsbury, bekannt für seine Garden Squares, ist Treffpunkt der Intellektuellen und Akademiker. Clerkenwell wurde wegen der vielen Einwanderer einst »Little Italy« genannt, doch die rege Restaurantszene ist längst über Italien hinausgewachsen. → S. 168

COVENT GARDEN UND HOLBORN

Nicht nur die Piazza mit ihrem Trubel bringt die Menschen nach Covent Garden, sondern auch das Opernhaus, viele Theater und eine Fülle von Restaurants. In Holborn, dem Stadtteil des Rechtswesens, geht es ruhiger und ernster zu. → S. 56

THE CITY UND TOWER OF LONDON

In der Square Mile wandelt man auf historischem Boden. In dem hochmodernen Finanzbezirk mit seinen Wolkenkratzern gibt es aber trotzdem noch verwinkelte Gassen zu entdecken. → S. 112

WESTMINSTER UND ST JAMES'S

In Westminster laufen die Fäden von Regierung, Monarchie und Commonwealth zusammen. Hier ist das wahre Zentrum Londons. Auch das edle St James's ist mit Adel und Historie eng verbunden. → S. 84

SOUTH BANK UND BANKSIDE

Die Südseite der Themse ist eine beliebte Flaniermeile, an der sich buntes Treiben mit Kultur mischt und Restaurants sich aneinanderreihen. Hier kann man Museen erkunden, schick essen gehen oder das wundervolle Panorama genießen. → S. 102

Trafalgar Square

Westminster Abbey

KARTEN UND PLÄNE

DIE THEMEN DER STADT
Die Themse 16 | The Gentlemen's Club 26 | Das British Museum 40 |
Sunday Roast 50 | London und Georg Friedrich Händel 76 | Liberty 82 |
St James's 88 | Große Bühne London 100 | Das englische Pub 106 | Christopher Wren 118 | Albert von Sachsen-Coburg und Gotha 136 | Kunst an
den Ufern der Themse 148 | Bloomsbury 172 | Multikulti London 188

SPAZIERGÄNGE UND AUSFLÜGE
Fleet Street 194 | Rund um Greenwich 199 | Windsor Castle 204

UNSER LONDON

Vergangenheit und Gegenwart liegen in London nah beieinander. In der Stadt und ihrer Umgebung gibt es so viel zu entdecken, dass eigentlich jedem Besucher irgendwann klar wird, dass er einfach wiederkommen muss.

Man weiß wohl spätestens, dass man an seinem neuen Wohnort heimisch geworden ist, wenn man anfängt, Freunde und Verwandte bei Besuchen mit einem gewissen Besitzerstolz herumzuführen. So, als ob man sein eigenes Haus vorzeigt und dabei ein paar Anekdoten beisteuert, wie etwa: »Hier im Trafalgar Hotel, im ersten Stock, erhielt die Cunard-Reederei 1912 die Nachricht, dass die »Titanic« gesunken war.«

London – unsere Stadt! Unendlich groß, weit und überwältigend, beeindruckt sie mit den Wahrzeichen ihrer langen Geschichte, der spürbaren Nähe der Vergangenheit, nicht nur im Zentrum, sondern auch in den Vororten.

Immer vom Wasser angezogen, verschlug es uns vor vielen Jahren von der Nordsee an die Themse. Im hübschen südwestlich von London gelegenen Richmond wurden wir heimisch. Hier baute König Henry VII. im Jahre 1501 den Richmond Palace, in dem später Königin Elizabeth I. lebte und 1603 starb. Die Themse führt flussaufwärts zum Hampton Court Palace, dem wuchtigen Schloss des mächtigen Tudor-Königs Henry VIII. Keinem unserer Besucher wird eine Besichtigung der ehemaligen Königsresidenz erspart. Doch die idyllische Gegend ist nicht nur bei Königen beliebt. Im historischen Richmond besitzen heute die Rolling-Stones-Bandmitglieder Keith Richards und Mick Jagger noble Häuser, und Pete Townshend, Gitarrist von The Who, genießt dieselbe Aussicht vom Richmond Hill – ein Blick, der schon den »Maler des Lichts«, William Turner, faszinierte.

> »Mir gefällt der Geist dieses großartigen Londons, den ich um mich herum spüre.«
> Charlotte Brontë
> (1816–1855)

Von Richmond ist Londons Zentrum leicht mit U-Bahn oder Zug zu erreichen, und mit Entdeckerinstinkt haben wir über die Jahre die britische Hauptstadt erobert. Doch eine Stadt, die sich über 1580 Quadratkilometer ausdehnt, kann nur peu-à-peu erschlossen werden, und auch heute noch gibt es immer wieder neue Winkel zu erkunden.

Die vielen Facetten dieser einmaligen Stadt werden von den 32 *boroughs* gebildet, den Bezirken, die aus etlichen kleinen Dörfern im Laufe der Jahrhunderte zusammengewachsen sind und sich trotzdem ihre Eigenart bewahrt haben. Doch was macht aus all den Unterschieden eine interessante Stadt? Es ist die Mischung seiner 8,8 Millionen Einwohner, die alle Hautfarben, Religionen und Länder der Welt repräsentieren.

Doch es ist auch die viel zitierte Höflichkeit der Briten, die von Philosophen als das Öl im Getriebe bezeichnet wird, das dieses gigantische Großstadtgefüge reibungslos funktionieren lässt. Was uns an London zuallererst begeisterte, war die Toleranz der Briten. »Be yourself« lautet diese Lebensphilosophie.

Die Autorinnen **Heidede und Sünje Carstensen** aus Norddeutschland leben seit vielen Jahren in London. Heidede hat Philologie studiert, und Tochter Sünje ist ausgebildete Gartengestalterin. Seit 2002 leiten sie zusammen ihr eigenes Pressebüro und berichten für deutsche Zeitschriftenverlage vom täglichen Geschehen in der Hauptstadt, über Zeitgeschichte, kulturelle Ereignisse und das Königshaus.

Im wahrsten Sinne des Wortes ein High-Light: Von keinem anderen Ausguck ist der Blick auf London so atemberaubend wie aus der verglasten Gondel des Riesenrads London Eye, aus einer spektakulären Höhe von 135 Metern.

DER ERSTE BLICK
AUF LONDON

★ MERIAN TOP 10

Das sind sie – die Sehenswürdigkeiten, für die London weit über die Grenzen der Stadt hinaus bekannt ist.

★ Covent Garden Market (The Piazza)
Rund um die Markthallen von Covent Garden brodelt das Leben. Man trifft sich zum Shopping, in den Cafés, Konzerthallen und Theatern. → S. 58

★ Trafalgar Square
Dieser berühmte Platz ist der Mittelpunkt Londons und bietet einen großartigen Blick auf das Regierungsviertel in Whitehall und bis Big Ben. In der Mitte des Platzes ragt seit 1842 das Denkmal zu Ehren von Admiral Nelson auf. → S. 90

★ Houses of Parliament und Big Ben
Wer denkt bei London nicht zuerst an den berühmten Glocken- und Uhrturm Big Ben mit seinem berühmten Westminsterschlag und das herrliche Parlamentsgebäude am Ufer der Themse? → S. 93

★ Westminster Abbey
Unzählige Krönungen, Hochzeiten, Taufen und Beerdigungen der königlichen Familie hat die prunkvolle Abtei seit ihrer Gründung schon erlebt. → S. 94

★ Buckingham Palace
Der Anblick des königlichen Palastes ist ein »Muss« für London-Besucher, vor allem die tägliche Wachablösung am Vormittag sollte man nicht versäumen. → S. 95

★ Southbank Centre
Europas größtes Zentrum für Kunst: Rund um den Kunstkomplex mit der Royal Festival Hall und dem National Theatre pulsiert das Leben. → S. 105

Londons 244 m langes Wahrzeichen: Die 1894 in Betrieb genommene Tower Bridge über die Themse verbindet die Stadtteile im Norden mit denen im Süden.

⭐7 Tate Galleries – Tate Modern und Tate Britain
Zwei sehr unterschiedliche Kunstgalerien von internationalem Rang an der Themse laden zum Besuch ein. → S. 108, 147

⭐8 St Paul's Cathedral
Das Meisterwerk von Architekt Christopher Wren zählt zu den beeindruckendsten sakralen Bauwerken Europas. Und es ist und war Schauplatz von wichtigen staatlichen Zeremonien, darunter das Thronjubiläum der Queen. → S. 117

⭐9 Tower of London und Tower Bridge
Mittelalterliche Trutzburg mit blutiger Geschichte neben Londons berühmtem Wahrzeichen. → S. 122, 123

⭐10 British Museum
Acht Millionen Exponate aus aller Welt führen durch Geschichte, Kunst und Kultur. → S. 170

⚑ MERIAN
EMPFEHLUNGEN

Ungewöhnliche Perspektiven, charmante Orte und feine Details versprechen besondere Augenblicke.

⚑1 Royal Opera House
Ein prächtiges Gebäude, in dem Oper und Ballett zu Hause sind, und stilvolle Restaurants mit gediegener Atmosphäre laden zum Besuch ein. → S. 60

⚑2 Somerset House
Dieser Prachtbau beherbergt die Courtauld und Embankment Galerien und mehrere gute Restaurants. → S. 61

⚑3 National Gallery
Kunstliebhaber können in dieser Gemäldegalerie am Trafalgar Square stundenlang Werke großer Meister wie Leonardo da Vinci, Rubens oder Rembrandt studieren. → S. 87

⚑4 Sightseeing auf der Themse
London von der Themse aus erkunden: für Besucher eine völlig neue, reizvolle Perspektive. → S. 92

⚑5 Borough Market
Londons ältester Lebensmittelmarkt, heute ein Mekka für Feinschmecker. Unter den Eisenbahnbrücken locken Köstlichkeiten aus aller Welt. → S. 111

⚑6 Guildhall
Das Rathaus der City of London bietet zwei Galerien, römische Ausgrabungen und eine Bibliothek mit Werken über die Stadtgeschichte. → S. 120

7 Hyde Park und Kensington Gardens

Am Serpentine See entspannen, unter schattigen Bäumen wandeln oder Kunst genießen. All dies ist in dieser herrlichen Parkanlage möglich. → S. 131

8 Royal Albert Hall

Schöner Rundbau, bekannt für die jährlichen Promenaden-konzerte, es gibt auch Rockmusik und Zirkus. → S. 134

9 Natural History Museum

Das herrlich verzierte Terrakotta-Gebäude beherbergt eine Fülle von zoologischen, und botanischen Exponaten. → S. 135

10 Brompton Oratory

Imposante Kirche im Renaissancestil mit Kunstschätzen und stimmungsvollen Orgelkonzerten. → S. 138

11 Duke of York Square

Edle intime Einkaufs-Oase, in der man Shoppen mit Kunst, Essen und Menschenbeobachten verbinden kann. → S. 147

12 Holland Park

Versteckter, romantischer Park mit schattigen Wegen, einem Japanischen Garten und Freiluftoper. → S. 156

13 Alfies Antique Market

Seit 40 Jahren einer der beliebtesten Antiquitätenmärkte Lon-dons. Hier kann man stundenlang stöbern. → S. 167

14 Kew Gardens

Ein botanisches Paradies mit Pflanzen aus aller Welt. → S. 181

15 Greenwich

In herrlicher Umgebung direkt an der Themse dreht sich alles um Schifffahrt, Sternenkunde und Zeitmessung. → S. 187

LONDON KOMPAKT

Bevölkerung

London ist mit 8,9 Mio. Einwohnern die größte Stadt Großbritanniens. 13 % der Gesamtbevölkerung lebt hier, das sind 5590 Menschen pro Quadratkilometer. Seit dem 17. Jh. siedeln Einwanderer aus aller Welt sich hier an, und mehr als ein Drittel der Bewohner wurde im Ausland geboren. Die Bevölkerung setzt sich aus 60 % Briten und 40 % Einwanderern/Ausländern zusammen. Diese kulturelle Vielfalt gibt der Weltstadt ein besonderes Flair. Ungeachtet des Brexit steigt die Einwohnerzahl weiter und soll bis 2050 11 Millionen erreichen. Das Leben in der Metropole ist hektisch, aber Londoner sind freundlicher als ihr Ruf und äußerst tolerant. »Live and let live« lautet ihre Devise.

Stadtgebiet

London liegt im Südosten der Britischen Inseln und erstreckt sich über ein Gebiet von 1579 km², etwa 45 km entlang der schiffbaren Themse und durchschnittlich 15 m über dem Meeresspiegel. Die Gezeiten der Nordsee machen sich in London noch deutlich bemerkbar. Um Überschwemmungen zu verhindern, wurde östlich von Greenwich die Thames Barrier errichtet. Durch Greenwich führt der bekannte Nullmeridian, Ausgangspunkt der Längengrade und damit der Zeitzonen. London ist eine äußerst grüne Stadt mit 3000 öffentlichen Parks und Grünflächen, die 40 % der Metropole bedecken. 33 Wolkenkratzer mit einer Höhe von mehr als 150 m konkurrieren miteinander.

Politik und Verwaltung

Die Hauptstadt des Vereinigten Königreichs (England, Wales, Schottland und Nordirland) ist gleichzeitig auch der Sitz des Commonwealth, jener Völkerfamilie, die sich aus vielen ehemaligen Kolonien zusammensetzt. Das gesamte Königreich, zu dem als offizielle Mitgliedsstaaten immer noch Kanada, Australien, Neuseeland u. a. gehören, wird von Westminster aus regiert.

Ihre Majestät, Königin Elizabeth, bei ihrer Geburtstagsparade »Trooping the Colour«.

Hier laufen die mächtigen Fäden der Regierung zusammen: der Monarchie, der Kirche sowie des Finanz- und Kulturwesens und des Militärs.

1965 wurde die Verwaltungsregion »Greater London« gegründet und in 32 *boroughs* unterteilt, zuzüglich der separat verwalteten City of London. Die Greater London Authority, die ihren Amtssitz in der City Hall nahe der Tower Bridge hat, koordiniert die Zusammenarbeit zwischen den einzelnen *boroughs* und betreibt öffentliche Einrichtungen in der ganzen Stadt wie Feuerwehr, Polizei und öffentlichen

Verkehr. Seit 2000 hat London einen eigenen Bürgermeister. 2016 wurde Sadiq Khan, als erster Muslim, für diesen Posten gewählt. Die lokalen öffentlichen Einrichtungen werden von jedem der *boroughs* direkt verwaltet. **Internet:** www.london.gov.uk

Religion

Die meisten Briten gehören der anglikanischen Kirche an, deren Oberhaupt die Queen ist. Henry VIII. zerstörte während seiner Herrschaft vor 500 Jahren katholische Kirchen und Klöster. Heute hat die katholische Kirche wieder ihren Platz auf der In-

Mikrokosmos London: von London Eye über Tower Bridge bis zu »The Gherkin«.

sel gefunden, neben den anderen großen Weltreligionen. London ist auch Zentrum des Islam in Großbritannien. 48 % sind Christen, 21 % Atheisten, 12 % Muslime und 5 % Hindus.

Sprache

Amtssprache ist Englisch. Aufgrund der zahlreichen Einwanderer ist im Alltag eine Vielzahl verschiedener Sprachen zu hören.

Kunst, Kultur und Bildung

London besitzt mehr als 170 Museen und 230 Theater. 400 000 Studenten studieren in den 40 Universitäten und Hochschulen der Stadt. 2012 richtete London sehr erfolgreich die Olympiade aus.

Wirtschaft

London gehört zu den führenden Finanz- und Handelsplätzen der Welt. Die London Stock Exchange (Börse) steht weltweit an dritter Stelle. Doch die globale Finanzkrise hat im englischen Wirtschaftsleben Spuren hinterlassen: Da Großbritannien nicht mehr auf große Industrien zurückgreifen kann, ist der Export geschrumpft. Viele (einst) große englische Namen wie Rolls-Royce, Bentley und Jaguar sind ebenso in ausländischer Hand wie bekannte Hotelgruppen.

Eine der wichtigsten Einnahmen Londons ist der Tourismus. 31,5 Mio. Touristen besuchen die Hauptstadt jährlich. In 2015 wurde London zum beliebtesten Reiseziel gewählt. Welche Folgen der sogenannte Brexit, der Austritt Großbritanniens aus der EU, auf die Wirtschaft und die Hauptstadt hat, wird sich erst mit der Zeit zeigen.

Währung: das Englische Pfund (GBP)

Nebenbei bemerkt

Der 2012 erbaute Wolkenkratzer **The Shard** ist mit 310 m das größte Gebäude Großbritanniens und der EU und hat damit der **St Paul's Cathedral** den Rang abgelaufen. Das berühmte Gotteshaus nördlich der Themse, 1710 fertiggestellt, galt mit 110 m nämlich bis 1964 als höchstes Gebäude der Stadt.

Ein weiterer »Riese« ist das im Jahr 2000 eröffnete Riesenrad **London Eye**. Mit seinen 135 m ist es in etwa so hoch wie 64 rote aufeinandergestapelte Telefonzellen. Das weithin sichtbare Wahrzeichen Londons hat einen Durchmesser von 120 m und einen Kreisumfang von 424 m – das ist etwas länger als 3,5 Fußballfelder (420 m) und höher als The Shard (310 m). Und mit 3,75 Mio. Besuchern jährlich ist London Eye die beliebteste Touristenattraktion der Stadt.

Es ist verboten, Tauben auf dem **Trafalgar Square** zu füttern. Früher verkauften Händler dort Vogelfutter, wie im Film »Mary Poppins«, doch die Anzahl der Tauben stieg enorm und wurde zur Belästigung. Seit 2003 ist das Füttern verboten. Bussarde verscheuchen die Vögel.

Londoner **Busse** legen pro Jahr eine Entfernung von 515 Mio. km zurück. Das ist 12 128-mal um die Erde.

Die Londoner **U-Bahn** transportiert bis zu 5 Mio. Menschen am Tag. Nur 45 % der Untergrundbahn fahren durch unterirdische Tunnel.

Der grüne Anstrich der **Westminster Bridge** ist kein Zufall. Die Brücke neben den Houses of Parliament ist grün wie die Ledersitze des Unterhauses. Dagegen ist die **Lambeth Bridge** flussaufwärts rot wie die Sitze im Oberhaus.

Der schiefe Turm von London. **Elizabeth Tower** mit der Glocke Big Ben lehnt 220 mm nach Nordwesten und neigt sich seit 2003 jedes Jahr um weitere 0,9 mm. Mit bloßem Auge sogar sichtbar!

1898 wurde im Luxuskaufhaus **Harrods** die erste Rolltreppe Englands installiert. Anfangs waren die Kunden so ängstlich, dass man ihnen nach der Fahrt Riechsalz und Cognac zur Beruhigung verabreichte.

Harrods verkaufte bis 1916 Kokain und Heroin rezeptfrei am Ladentisch.

Zu allen Zeiten wurde der Fluss von seinen Bewohnern gefeiert. Heute findet zu Ehren der Themse jährlich im September das Fest »Totally Thames« (s. S. 45) statt.

DIE THEMSE
Lebensader einer Metropole

Julius Cäsar nannte die Themse »Tamesis« – dunkles Wasser. Auch der deutsche Dichter Heinrich Heine sprach von den »schwarzen, reißenden Wellen, die meine Tränen wegschwemmten«, wenn er auf der Waterloo Bridge stand und sich 1829 sein Heimweh von der Seele weinte.

Englands längster Fluss entspringt in den Cotswold Hills, in der Grafschaft Gloucestershire und liegt 109 Meter über dem Meeresspiegel. Von der Quelle bis zur Trichtermündung in die Nordsee ist die Themse 346 Kilometer lang. Das ist fast dreimal so viel, wie der Landweg tatsächlich ausmacht, denn der Fluss windet sich viele Male durch die Natur. Für Wanderer, die die **Treidelpfade** (*towpaths*) benutzen, hält die Gegend malerische Momente bereit: mal Vogelwelt, mal Flora, mal historische Bauten. Der Thames-Path-Wanderweg ist der längste Europas.

Dramatisch zeigt sich die Trichtermündung in Kent, wo der Fluss eine Breite von über neun Kilometern erreicht, bevor er in die Nordsee mündet. Von der Mündung bis Richmond ist er noch ein **Gezeitenfluss**, wo Ebbe und Flut den Schiffsverkehr bestimmen. Flussaufwärts regulieren ihn 45 Schleusen.

Ohne die Themse gäbe es vermutlich kein London. Als der römische Kaiser Claudius 43 n. Chr. den Süden Englands zu erobern versuchte, schien der Fluss als **schützende Grenze** nach Süden hin ideal. Sein reiches Fischvorkommen garantierte zudem Nahrung.

Jahrhundertelang musste die Themse auch als **Abfallhalde** herhalten. Tote Feinde wurden nach Gefechten ohne viel Aufhebens ins Wasser geworfen. Funde wie Uniformknöpfe, Schnallen und Waffen aller Art im Museum of London bezeugen dieses Vorgehen. Beerdigungen konnten teuer sein, die Themse hingegen nahm die Toten kostenlos auf. Doch der Fluss gab den Menschen auch Nahrung und Verdienst. Besonders lukrativ war der rege **Fährverkehr** von der südlichen Seite nach Westminster und der City. Bis 1750 war **London Bridge** die einzige Brücke in der Hauptstadt, bis die erste Westminster Bridge gebaut wurde.

Vom 15. bis ins 19. Jh. hat es 23 Winter gegeben, in denen die Themse zugefroren ist. Im Winter 1683/84 wurde sogar ein Frostjahrmarkt auf dem Eis abgehalten.

Die zunächst verhasste neue Brücke inspirierte den Romantiker William Wordsworth (1771–1855) zu einem jubelnden Sonett: »Earth has nothing to show more fair«, schwärmte er im Jahre 1802. Wie schade, dass sie schon 60 Jahre später durch eine robustere Eisenkonstruktion ersetzt wurde, die besser mit dem Baustil des Parlamentsgebäudes harmonierte.

Wer hätte gedacht, dass man die Themse, dieses treue geschichtsträchtige Gewässer, eines Tages auch per **Seilbahn** überqueren kann? Im Sommer 2012 wurden die Emirates Air Line Cable Cars an den Royal Docks eingeweiht, für die Überquerung nach Greenwich – eine Strecke von einem Kilometer. Die Seilbahn übertrumpft als Neuheit noch die hochmoderne Millennium-Bridge-Fußgängerbrücke von Norman Foster, die seit 2000 St Paul's Cathedral mit der Tate Modern verbindet.

Nahe der Quelle der Themse, im lieblichen Lechlade schaut »Old Father Thames« beschützend auf alle Bootskapitäne herab. Solange der Wassergott, Vater der Themse, die »dunklen Wasser« bewacht, wird alles in Ordnung sein, so die Legende.

GESCHICHTE

Kriege und Machtkämpfe, Pest und Feuer ziehen sich durch die wechselvolle Geschichte Londons. Doch wie wird die Zukunft nach dem Austritt aus der EU aussehen?

Römische Gründung Londiniums (43)

Der römische Kaiser Claudius erobert die Siedlung der Kelten am Nordufer der Themse. Die erste hölzerne Brücke über den Fluss wird gebaut und die Stadt Londinium gegründet. Die Stadt wird im Jahr 200 mit einer Mauer umbaut, deren Verlauf noch heute zu sehen ist. 410 zieht Rom die Truppen ab und gibt Britannien auf. Die Stadt verfällt und die Angeln und Sachsen übernehmen. Sie bauen den Hafen aus und nennen den Ort Lundenvic.

Erste Krönung in Westminster Abbey (1066)

Der Normanne **William the Conqueror** erwirbt mit der Schlacht von Hastings das Recht auf den Thron. Er wird am Weihnachtstag 1066 in der gerade fertiggestellten Westminster Abbey gekrönt. Schon damals findet eine Spaltung der Macht zwischen Regierung und König (Westminster) und dem kommerziellen Zentrum der City statt. William gewährt der Finanzwelt mehr Einfluss. Er gibt ihr per Urkunde einmalige Unabhängigkeit, die bis heute gilt.

London Bridge (1176)

Der Bau der London Bridge, der ersten Steinbrücke der Stadt, beginnt. Sie wird 1209 eingeweiht und bietet 600 Jahre lang die einzige Möglichkeit zur Überquerung der Themse im Zentrum Londons. Häuser, Geschäfte und sogar eine Kirche bereichern die Brücke, die die Römerbrücke von 43 n. Chr. ersetzt.

Magna Charta und das Parlament (1215)

So wie Land und Besitz der Untertanen im Jahre 1086 im »Domesday Book« urkundlich festgehalten wurden, sollen

Die Schlacht von Hastings im Oktober 1066. Als Sieger über die Angelsachsen ging das normannische Heer unter seinem Anführer William the Conqueror hervor.

nun auch die Rechte aller Bürger, der Kirche und des Adels als Dokument verbrieft werden. Die **Magna Charta** wird aufgesetzt und von **König John** am 15. Juni 1215 auf der Themse-Insel Runnymede bei Windsor unterzeichnet. Als große Freiheitsurkunde geht sie in die englische Geschichte ein. Die Magna Charta stellt die Grundlage für die englische Verfassung dar. Auf ihr beruhen die Gesetze des späteren Parlaments, das unter Edward I. entsteht. Erst 1341, unter Edward III., wird es in Ober- und Unterhaus unterteilt.

Henry VIII., die Tudor-Zeit (1491–1547)

Die Tudor-Herrschaft beginnt mit Henry VII., gefolgt von seinem Sohn Henry VIII., der 1491 in Greenwich geboren, mit 18 Jahren den Thron besteigt. Er regiert 38 Jahre lang, ist hochintelligent und belesen. Der Papst macht ihn zum »Defender of the Faith«, doch 1534 sagt er sich von der katholischen Kirche los und gründet seine eigene, die **Church of England**. Er verfolgt Katholiken und brennt Klöster nieder, doch London erlebt unter Henry wirtschaftlichen Aufschwung. Er gründet auch die ersten »Königlichen Werften« in Wool-

Der 2. September 1666, ein Schreckenstag: Der Großbrand, der an diesem Tag in London ausbrach, wütete vier Tage lang und zerstörte große Teile der Stadt.

wich und befiehlt den Bau einer Kriegsflotte. Das Verwaltungsviertel Whitehall entsteht, die Börse und Handelskompanien. Er baut St James's Palace und holt Künstler wie Hans Holbein in die Stadt. Henry VIII. stirbt 1547 im Palace of Whitehall.

Elizabethanisches Zeitalter (1558–1603)

Elizabeth I. übernimmt den Thron und führt ihr Land zu Ruhm und Reichtum: Ihr Seelord, Sir Francis Drake, besiegt 1588 die spanische Armada. Elizabeth fördert die Künste: William Shakespeare führt seine Dramen auf, das erste Globe Theatre wird im Jahre 1599 erbaut. Auch der Handel blüht: 1600 wird die wichtige East India Company gegründet, die mit Importen aus Asien Reichtum nach London bringt.

Pest und Feuer (1665 und 1666)

1665 bricht die Große Pest aus, an der 100 000 Menschen sterben, 20 % der Einwohner. Ein Jahr später folgt ein Wendepunkt in Londons Geschichte. Der Große Brand von 1666 zerstört innerhalb von vier Tagen und Nächten 13 200 Häuser und 87 Kirchen, u. a. St Paul's Cathedral. Dies gibt Städteplanern die Gelegenheit die City of London neu zu gestalten.

Generalarchitekt Christopher Wren übernimmt den Wiederaufbau und errichtet 53 Kirchen, inklusive einer völlig neuen St Paul's Cathedral.

Viktorianisches Zeitalter (1837–1901)

Mit der industriellen Revolution steigt die Einwohnerzahl Londons auf zwei Millionen Menschen. 6000 sterben 1831 an Cholera durch verseuchtes Trinkwasser, und der heiße Sommer von 1858 macht mit dem »Großen Gestank« die Verseuchung der Themse durch Abwässer nur zu deutlich. Neue Wasserleitungen und ein umfangreiches Kanalisationssystem wird unter London verlegt mit Kläranlagen außerhalb der Stadt, eines der größten städtebaulichen Projekte Europas. Mit der Krönung von **Königin Victoria** 1837 beginnt ein neues Zeitalter. Ihr Mann, **Prinz Albert von Sachsen-Coburg und Gotha**, inszeniert 1851 die Große Weltausstellung, 1863 wird die erste U-Bahn-Linie eröffnet, im Bauboom entstehen der Trafalgar Square, die Houses of Parliament und die Tower Bridge.

Der Zweite Weltkrieg (1939–1945)

London leidet unter deutschen Luftangriffen, die als »Blitz« in den englischen Wortschatz eingehen und rund 30 000 Tote fordern. Ein großer Teil Londons ist zerstört. Der Wiederaufbau zieht sich viele Jahre hin und bringt Einwanderer aus der Karibik nach London. 1948, drei Jahre nach Kriegsende, wird der National Health Service gegründet.

Das zweite Elizabethanische Zeitalter (1952)

Elizabeth II. wird mit nur 26 Jahren und als Mutter von zwei kleinen Kindern Königin. Ihre Regierungszeit ist die längste aller britischen Monarchen, und in ihrer Lebenszeit verwandelt London sich in eine multikulturelle Metropole und ein beliebtes Touristenziel. Die Olympischen Sommerspiele 2012 erwecken Brachland im Osten Londons zu neuem Leben und der Bau zahlreicher Wolkenkratzer modernisiert die historische Skyline. Wie der Austritt aus der EU sich auf London auswirken wird, ist abzuwarten.

ÜBERNACHTEN

Den 31,5 Millionen Besuchern, die jedes Jahr nach London strömen, stehen 2100 Hotels mit 139 000 Hotelzimmern zur Verfügung. Und eine Vielfalt, die sich sehen lassen kann.

BOUTIQUE-HOTELS

In Museumsnähe
Ampersand C5
Perfekte Basis für ein kulturelles Wochenende. Die drei großen Museen Kensingtons liegen vor der Tür und dienten offensichtlich als Inspiration für die geschmackvolle Innenausstattung, mit Themen wie Sternen-, Pflanzen- und Vogelkunde. Zwei Restaurants, Gym und Bibliothek.
South Kensington | 10 Harrington Road, SW7 | U-Bahn: South Kensington | Tel. 0 20/75 89 58 95 | www.ampersandhotel.com | 111 Zimmer | €€€

Künstlerische Atmosphäre
Artist Residence London F5
Individuelles kleines Hotel. Die zehn Zimmer sind mit originellen Kunstwerken dekoriert. Die Einrichtung ist eine Mischung aus gemütlichem Industrial- und Shabby-Chic. Kein Fahrstuhl, Treppensteigen ist angesagt!
Pimlico | 52 Cambridge Street, SW1 | U-Bahn: Victoria |
Tel. 0 20/30 19 86 10 | www.artistresidence.co.uk/london | 10 Zimmer |
€€€€

Vom Amtsgericht in den Tower
The Dixon K4
In dem ehemaligen Amtsgericht schräg gegenüber vom Tower saßen bis 2013 Gauner in den Zellen. Seit 2019 lässt es sich hier komfortabel und stilvoll übernachten. Auch Borough Market und Shakespeares Globe Theater sind nicht weit entfernt. Überraschend ist die moderne, kunstbetonte Einrichtung.

Ampersand Hotel: Das Stadthotel vereint Komfort und Individualität und ist nur einen Steinwurf von den großen Museen im Stadtteil Kensington entfernt.

Southwark | 211 Tooley Street, SE1 | U-Bahn: London Bridge | Tel. 0 20/39 59 20 00 | www.thedixon.co.uk | 193 Zimmer | €€€

Mitten im Einkaufsparadies
The Levin E4

Einen Katzensprung entfernt von Harrods und gleich um die Ecke von Harvey Nichols liegt dieses freundliche intime Hotel. Von hier aus kann man seinen Einkaufsbummel perfekt planen und dann mit vollen Einkaufstüten rasch zurückkehren und in eleganter Umgebung verschnaufen.

Knightsbridge | 28 Basil Street, SW3 | U-Bahn: Knightsbridge | Tel. 0 20/75 89 62 86 | www.thelevinhotel.co.uk | 12 Zimmer | €€€€

Umweltfreundlicher Touch
The Zetter Hotel H2

Nachhaltigkeit und Umweltbewusstsein werden hier groß geschrieben. Das Wasser kommt aus dem hauseigenen Brunnen, und Gäste können sich kostenlos Klappräder ausleihen. Das trendy Künstlerviertel Clerkenwell liegt direkt vor der Tür. Von »Condé Nast Traveller« zu einem der »50 coolsten Hotels« der Welt gewählt.

Clerkenwell | 86–88 Clerkenwell Road, EC1 | U-Bahn: Farringdon | Tel. 0 20/73 24 44 44 | www.thezetter.com | 59 Zimmer | €€€

DESIGN-HOTELS

Farbenfrohe Gemütlichkeit
Dorset Square D2
Das Designer-Ehepaar Kit und Tim Kemp hat diesem Hotel seinen ganz besonderen, individuellen Stil gegeben. Kräftige Kontrastfarben, edle Stoffe, Möbel und Kunstgegenstände aus aller Welt tragen zum Wohlbefinden bei. Sport-Andenken erinnern an die Cricket-Vergangenheit der Gegend.
Marylebone | 39–40 Dorset Square, NW1 | U-Bahn: Marylebone | Tel. 0 20/77 23 78 74 | www.firmdalehotels.com | 38 Zimmer | €€€€

Im trendigen Notting Hill
The Laslett B3
Das mit Werken einheimischer Künstler ausgestattete Hotel in fünf eleganten, viktorianischen Reihenhäusern ist nur wenige Gehminuten von der Portobello Road entfernt.
Notting Hill | 8 Pembridge Gardens, W2 | U-Bahn: Notting Hill Gate | Tel. 0 20/77 92 66 88 | www.living-rooms.co.uk/hotel/the-laslett | 51 Zimmer | €€€€

Futuristisch und nostalgisch zugleich
The Standard G1
Obwohl das ehemalige Rathaus aus dem Jahr 1974 stammt, wirkt die auffallende Fassade beinahe futuristisch. Komplett renoviert und 2019 eröffnet bietet dieses hypermoderne Hotel mit nostalgischen Akzenten jeglichen Komfort.
King's Cross |10 Argyle Street | WC1 | U-Bahn: King's Cross | Tel. 0 20/ 39 81 88 88 | www.standardhotels.com/london | 266 Zimmer | €€€€

ALT-ENGLISCHER STIL

Romantischer Charme
The Gore C4
Die ehemalige Residenz des Herzogs von Orléans beeindruckt mit aristokratischem Flair. Alte Drucke in Zimmern mit anti-

ken Eichenbetten sorgen für edles Ambiente. Das »romantischste Hotel Londons«, wie es oft beschrieben wird, ist nur wenige Schritte von der Royal Albert Hall entfernt.

South Kensington | 190 Queen's Gate, SW7 | U-Bahn: Gloucester Road | Tel. 0 20/75 84 66 01 | www.starhotelscollezione.com/en/our-hotels/the-gore-london | 50 Zimmer | €€€€

Traditionsreiche Eleganz

Hazlitt's G3

Benannt nach dem Essayisten und Kritiker William Hazlitt, der hier im 19. Jahrhundert lebte. Vier Stadthäuser bilden dieses individuelle historische Hotelensemble in ruhiger Lage, nur wenige Minuten von der Shoppingmeile Oxford Street und vielen Theatern entfernt. Holzgetäfelte Wände und knarrende Holzdielen tragen zum Flair bei.

Soho | 6 Frith Street, Soho Square, W1 | U-Bahn: Tottenham Court Road | Tel. 0 20/74 34 17 71 | www.hazlittshotel.com | 30 Zimmer | €€€€

Mit Promifaktor

Portobello Hotel A3

Johnny Depp und Kate Moss amüsierten sich hier in jungen Jahren, aber man braucht die Badewanne nicht mit Sekt zu füllen, um sich wohlzufühlen. Die farbenfrohe Einrichtung spiegelt die bunten Häuser Notting Hills wider.

Notting Hill | 22 Stanley Gardens, W11 | U-Bahn: Notting Hill Gate | Tel. 0 20/77 27 27 77 | www.portobellohotel.com | 21 Zimmer | €€€

Historischer Luxus

12 The Rookery H2

Der Name erinnert an das Elendsviertel, das hier zu Charles Dickens Zeiten existierte, doch dieses Hotel in einer engen Gasse Clerkenwells könnte nicht weiter davon entfernt sein. Getäfelte Wände, schwere Stoffe und verspielt-nostalgische Himmelbetten verleihen dem Hotel eine luxuriöse, charmant englische Atmosphäre.

Clerkenwell | 12 Peter's Lane, EC1 | U-Bahn: Farringdon | Tel. 0 20/73 36 09 31 | www.rookeryhotel.com | 33 Zimmer | €€€€

Spielwiese für den Herrn von Welt

Der Butler bringt den Whisky im funkelnden Kristallglas auf einem Silbertablett und stellt ihn stumm auf das Mahagoni-Tischchen neben den Herrn im bequemen Ledersessel. Im holzgetäfelten Raum paffen distinguierte Gentlemen an ihren Zigarren oder Tabakpfeifen und studieren konzentriert die »Financial Times«. Man hört nur leises Gemurmel und das Knistern des Feuers im Kamin.

So kennt man aus alten Filmen, wie »My Fair Lady« oder »In 80 Tagen um die Welt«, die vornehmen englischen **Gentlemen's Clubs**. »Ich gehe nochmal kurz in meinen Club«, pflegte der Herr des Hauses zu sagen und verschwand in eine Welt, zu der Frauen keinen Zutritt hatten. Im luxuriösen Rahmen, umsorgt von devoten Dienern, waren die Herren unter sich. Konnten über Politik diskutieren, Kontakte knüpfen, um Geld spielen und getrost Brandy trinken und Zigarre qualmen, ohne Einmischung der Ehefrau, die zu Hause das Sagen hatte.

52 Mitglieder des renommierten Athenaeum Clubs sind oder waren Nobelpreisträger, darunter Rudyard Kipling und Winston Churchill.

Der erste dieser exklusiven Privatclubs entstand 1693 im White's Chocolate House, einem Café, in dem heiße Schokolade ebenso angeboten wurde wie »Vergnügen und Unterhaltung« für die männliche Klientel, hauptsächlich in Form von Wetten und Glücksspiel. Eine Mitgliedschaft in **White's Club** in St James's wird wie Gold gehandelt. 36 Mitglieder müssen für den Eintritt eines Neulings stimmen, es kann Jahre dauern, bis ein Platz frei wird. Prinz Charles gehört diesem Club ebenso an wie sein Sohn Prinz William. Charles feierte sogar seinen Junggesellenabschied hinter den verschlossenen Toren dieses Vereins, bevor er 1981 Lady Diana heiratete. Damen sind nur als Gast erlaubt, was Premierminister David Cameron 2005 dazu bewegte, seine Mitgliedschaft zu kündigen.

Gentlemen unter sich: dazu Whisky, Tabak, reichlich Lektüre und Gesprächsstoff.

Herren, die in White's keinen Zulass fanden, gründeten ihre eigenen Clubs, je nach Interessengruppen. So taten sich die Raucher im **Marlborough Club** zusammen, denn in White's war lange Zeit nur Schnupftabak erlaubt. Im **Garrick Club** trafen sich Schriftsteller, Schauspieler und Künstler. Charles Dickens gehörte diesem Verein an und in neuerer Zeit der Schauspieler und Regisseur Sir Laurence Olivier.

Im **Reform Club** wettete Jules Vernes' Protagonist Phileas Fogg, die Welt in 80 Tagen umrunden zu können. Tierfilmer Sir David Attenborough gehört heute zu den Mitgliedern.

Im Stadtteil St James's reihen sich die Clubs in der Pall Mall aneinander, aber man wird kaum Schilder an der Eingangstür zu diesen exklusiven Adressen finden. Doch einer von ihnen ist leicht zu erkennen: der **Athenaeum Club** an der Ecke Pall Mall und Waterloo Place. Über dem Säuleneingang prangt die goldene Statue Athena, die griechische Göttin der Weisheit, und ein blauer Parthenon-Fries schmückt das Gebäude im ersten Stock. Hier trifft sich die geistige Elite des Landes.

Reinschnuppern kann man als Außenstehender in diese exklusiven Bereiche leider nicht. Sie sind nur gegen hohe Mitgliedsbeiträge und natürlich durch die richtigen Kontakte zugänglich. Beliebt sind sie heute wie damals, denn Dazugehören zählt immer noch. Der »richtige« Club kann Türen öffnen, und wo Frauen unerwünscht sind, eröffnen sie eben ihren eigenen Club, wie **The AllBright** in Mayfair. »Ich gehe mal schnell in meinen Club«, können heutzutage auch die Damen sagen.

Wegen seiner markanten Form haben die Londoner dem 108 m hohen Büroturm der Swiss Re den Spitznamen »The Gherkin« (Gewürzgurke) verpasst.

ARCHITEKTUR

Vom Tower of London bis hin zu modernen Glas-Stahl-Bauten, die sich in schwindelerregende Höhe winden, reicht die Vielfalt der architektonischen Stile in London.

London Bridge Station – Preisgekrönte Bahnhofsanlage

Londons ältester **Bahnhof** hat sich dem 21. Jahrhundert angepasst. 1836 eröffnet, war er einer der meistfrequentierten Londoner Regional- und Fernbahnhöfe. 50 Millionen Menschen benutzten ihn jedes Jahr, doch aufgrund eines erhöhten Verkehrsaufkommens wurden umfassende Umbaumaßnahmen notwendig. Dieses Riesenprojekt, unter der Leitung des Architekturbüros Grimshaw, dauerte fünf Jahre und kostete über eine Milliarde Euro. 2018 eröffnete Prinz William den hochmodernen Bahnhof, der nun mit 15 Bahnsteigen und 90 Geschäften größer ist als das Wembley-Stadion. 96 Millionen Passagiere können in Zukunft jährlich befördert werden, und das aufregende Design wurde von RIBA (Royal Institute of British Architects) mit dem »Building of the Year 2019«-Preis ausgezeichnet.

Battersea Power Station – ikonisches Bauwerk im Wandel
Fans der Rockband Pink Floyd erinnern sich sicher an das ausgefallene Cover der LP »Animals«, auf dem zwischen vier qualmenden Schornsteinen ein rosa Schwein durch die Luft fliegt. Diese Schornsteine kennzeichnen das Kohlekraftwerk **Battersea Power Station**, das einst ein Fünftel des Londoner Stroms produzierte. Zwischen den Jahren 1929 und 1955 erbaut, wurde es 1983 schon wieder stillgelegt. Nach jahrzehntelangem Verfall erwacht es nun zu neuem Leben. Ein Zehn-Milliarden-Bauprojekt verwandelt das Kraftwerk in Luxuswohnungen, Büros (neuer Hauptsitz des Technologie-Riesen Apple), Geschäfte aller Art, Restaurants, Cafés, Pubs und Park – direkt an der Themse, sogar mit eigener Anlegestelle. Auch die ikonischen Schornsteine werden genutzt. Ein gläserner Aufzug wird Besucher zu einer Aussichtsplattform mit atemberaubendem Panoramablick befördern.

Der britische Humor
Die Londoner lieben es, ihrer Umwelt Spitznamen zu geben: besonders den neuen **Wolkenkratzern**, die mit oft ungewöhnlichen Formen aus dem Boden schießen. Der 180 Meter hohe Büroturm des Versicherungsunternehmens Swiss Re, »The Gherkin« (offiziell 30 St Mary Axe), sieht tatsächlich aus wie eine dicke Gewürzgurke. Unverkennbar auch der »Walkie Talkie« (20 Fenchurch Street), und bei der schrägen Form des »Cheesegrater« (Leadenhall Building) denkt man unwillkürlich an eine Käsereibe. Auch »The Shard« ist perfekt beschrieben: Wie eine spitze Glasscherbe ragt der Wolkenkratzer in den Himmel. Spitznamen sind natürlich nichts Neues. Jeder weiß, dass mit »The Tube« die Londoner U-Bahn gemeint ist, und vor dem »Clean Air Act«, als London im bekannten Nebel verschwand, wurde die britische Hauptstadt »The Smoke« oder »Big Smoke« genannt.

Garden Squares – Oasen im quirligen Treiben der Stadt
London ist berühmt für seine Parks und Grünflächen, die von
Einwohnern und Touristen mit Freude genutzt werden. In der
Mittagspause setzt man sich gern mit einem Sandwich auf eine
Bank oder den Rasen im Park (denn der darf betreten werden)
und genießt Ruhe und Natur. Sehr geschätzt werden die **Gar-
den Squares**, von denen es mehr als 400 in London gibt. Diese
Karrees eleganter Häuser mit kleinem Park in der Mitte sind
typisch für London. Der erste wurde 1631 von Inigo Jones in
Covent Garden angelegt. Nach dem Großen Brand von 1666
erkannte man, wie wichtig diese grünen Oasen sind. Mehr
Platz zwischen Gebäuden bedeutet ein geringeres Brandrisiko,
und natürlich verbessern die Bäume und Grünflächen auch die
Londoner Luft.

Sir Norman Foster – seiner Generation voraus
Wer auf dem Weg zur Tate Modern die Millennium Bridge
überquert oder sich im glasüberdachten Atriumhof des British
Museums von einer Kunsttour ausruht, kann zur selben Zeit
die Bauprojekte von Architekt **Norman Foster** bewundern. Der
1935 geborene Sohn einer Arbeiterfamilie gehört heute zu den
erfolgreichsten Architekten seiner Generation. Nach dem Studium gründete er mit **Richard Rogers**, einem ebenso bekannten Architekten, sein heute internationales Architekturbüro.
Natürlich ist Foster auch in Deutschland durch viele Bauprojekte bekannt, allen voran der Reichstag in Berlin, für den er
1999 das Große Bundesverdienstkreuz erhielt. In London baute
er unter vielen anderen Gebäuden die unvergleichliche »Gherkin«, die City Hall und das Wembley-Fußballstadion.

London 2012 – Olympisches Erbe
Londons Städteplaner, Architekten und Landschaftsgärtner
können sich stolz auf die Schultern klopfen, denn was sie im
ehemals glanzlosen Stadtteil **Stratford** im Nordosten der
Hauptstadt für die Olympiade 2012 auf die Beine gestellt haben, grenzt an ein mittleres Wunder. Und wie das Team von
Anfang an auch für die Zeit nach den Spielen plante, verdient

Der ArcelorMittal Orbit Tower kann sich rühmen, mit einer Höhe von 114,5 m Englands größte Skulptur zu sein. Mit schicker Aussichtsplattform in luftiger Höhe.

höchstes Lob. Im Frühjahr 2014 wurde auf dem ehemaligen Olympiagelände der liebevoll angelegte **Queen Elizabeth Park** eröffnet – das Erbe von »London 2012«. Den Park mit Tennis-, Picknick- und Spielplätzen dürfen heute alle Bürger genießen. Geblieben ist auch das 2012 fertiggestellte »Maskottchen« der Spiele, die rote, 114,5 Meter hohe Stahlskulptur **»Orbit«** des indischen Künstlers Anish Kapoor mit Aussichtsplattform und Restaurant. An dem rund 19 Millionen Pfund teuren Objekt beteiligte sich der ArcelorMittal-Konzern mit 16 Millionen.

Bauboom des 21. Jahrhunderts

Als »hässlichen Furunkel im ebenmäßigen Gesicht eines eleganten Freundes« bezeichnete Prinz Charles vor Jahren den geplanten ultramodernen **Anbau an die National Gallery** am Trafalgar Square. Der Plan verschwand, Charles, der leidenschaftliche Amateur-Architekt, hatte sich durchgesetzt! Doch lange hielt dies nicht an. Die architektonischen Ästheten haben es scheinbar längst aufgegeben, in London auf Konformismus und bauliche Harmonie zu pochen. An der Themse wird gebaut und gebaut …

KUNST UND KULTUR

Wenn es um Kunst und Kultur geht, hat die britische Hauptstadt alles zu bieten, was man sich vorstellen kann. Für jeden Geschmack ist etwas dabei.

Sir Simon Rattle – ein Dirigent der Weltklasse

Unter den vielen berühmten Dirigenten, die in London auf der Bühne stehen, sticht immer wieder ein Name hervor: Simon Rattle, 1955 in Liverpool geboren. Nach Posten bei verschiedenen britischen Orchestern und einem jahrelangen Aufenthalt in Berlin als Chefdirigent der Berliner Philharmoniker, steht er nunmehr seit 2017 beim **London Symphony Orchestra** im Barbican Centre am Pult. Sein moderner Ansatz und sein Wunsch, ein breiteres Publikum, besonders Kinder und Jugendliche an klassische Musik heranzuführen, hat ihn zu einem Vorreiter von Bildungsprogrammen im Musikbereich gemacht. Seine Energie und sein Enthusiasmus wirken ansteckend und inspirieren Musiker und Zuhörer zugleich.

National Theatre –
Theater der Spitzenklasse an der Themse

Der riesige Betonkomplex am südlichen Themseufer aus den 1970er-Jahren mag nicht jedermanns Geschmack sein, doch das 1963 gegründete **Royal National Theatre** bietet Theatervorstellungen von höchster Qualität unter der Leitung bekannter Intendanten wie Laurence Olivier und Trevor Nunn. Auf dem Spielplan stehen klassische Werke (wie Shakespeare) sowie moderne Stücke wie »War Horse« und Neuaufführungen bekannter Dramatiker. Drei separate Theater (Olivier, Lyttelton, Dorfman) unter einem Dach bieten Platz für mehr als 2000 Zuschauer. Auf den **Freiluftterrassen** kann man in der Pause die schöne Aussicht über die Themse genießen. Die Atmosphäre ist entspannt, keinesfalls elitär, denn man kommt in erster Linie aus Liebe zum Theater her. Und es lohnt sich immer!

Ein Besuch der Royal Albert Hall ist Augenweide und Ohrenschmaus zugleich: Im opulenten ausgestatteten Konzertsaal erwartet den Gast Musik vom Feinsten.

Die Proms – mehr als nur die »Last Night«

Die Proms *(promenade concerts)* sind eine Institution und seit 125 Jahren fester Bestandteil des Londoner Kulturangebots. Namhafte Orchester, Dirigenten und Solisten aus aller Welt treten alljährlich von Mitte Juli bis Mitte September in der **Royal Albert Hall** auf, deren eindrucksvolle Rundbau-Architektur allein schon sehenswert ist. Zusätzlich zu den Sitzplätzen gibt es direkt vor der Bühne Stehplätze für die *promenaders* zu sehr günstigen Preisen. Höhepunkt der achtwöchigen Saison ist die letzte Vorstellung, »The Last Night of the Proms«, bei der das Publikum sich unter Schwenken des Union Jack euphorisch der Musik hingibt und aus vollem Hals »Rule Britannia« singt, in Erinnerung an die Zeit des britischen Empires. Ein Spektakel, das mitreißt.

Ein Abend in der Oper – Royal Opera House Covent Garden

Für Liebhaber klassischer Musik ist ein Besuch im berühmten königlichen **Opernhaus in Covent Garden** ein absolutes Muss, denn hier treten hochkarätige Künstler aus aller Welt auf, wie Jonas Kaufmann und Anna Netrebko. Ob man sich

Einer der größten Musicalerfolge weltweit, das »Phantom der Oper« (im Bild Tim Howar als Phantom im West End LIVE), feierte 1986 in London Premiere.

von einer Opern- oder Ballettvorstellung verzaubern lässt oder nur auf einen Drink oder zum Essen herkommt, um die unvergleichliche Atmosphäre zu genießen: Covent Garden ist einzigartig. Das Gebäude stammt aus dem Jahre 1858, doch gab es schon seit 1732 ein Theater an dieser Stelle. Viele von Georg Friedrich Händels Opern wurden hier uraufgeführt, und über die Jahrhunderte hinweg ist dieses Opernhaus eines der weltweit renommiertesten geblieben. Unterhaltung vom Feinsten in glanz- und stilvollem Rahmen.

Leinwandstars auf der Bühne

Dass Hollywoodstars sich auf Londons Bühnen, vom Adelphi übers Haymarket, gerne als richtige Schaupieler unter Beweis stellen, bringt Schauspieler wie Dustin Hoffman, Gwyneth Paltrow, Matt Damon oder Nicole Kidman über den großen Teich an die Themse. Und als der große James Stewart einst mit »My Friend Harvey« im National Theatre gastierte, begrüßte ihn minutenlanger tosender Beifall, bevor er überhaupt das erste Wort sprechen konnte. Das Londoner **Theaterpublikum** gilt als eines der begeisterungsfähigsten der Welt! Das wissen auch junge Stars wie Ex-»Harry Potter« Daniel Radcliffe, der sich mit einer schwierigen Bühnenrolle am Gielgud Theatre in »Equus« den Ritterschlag als ernst zu nehmender Mime holte. Im Bühnenstück des Dramatikers Peter Shaffer spielt er einen psychisch gestörten Stalljungen.

Ein Jahr rund um die Kunst

Sich Kunst in Museen und Galerien anschauen ist wunderschön und inspirierend, aber wer würde nicht gern das eine oder andere Bild mit nach Hause nehmen? Bei einem Turner oder Constable ist das natürlich unmöglich, aber es gibt genug **Kunstmessen und Ausstellungen** in London, bei denen man nicht nur gucken, sondern auch kaufen darf. Nach oben sind dem Kunstgenuss so gut wie keine Grenzen gesetzt, je nach Budget oder Geldbeutel. Das Kunstjahr fängt im Januar mit der »London Art Fair« im Business Design Centre, Islington an und reicht bis zur internationalen »Frieze Art Fair« im Oktober im Regent's Park. Erschwingliche Kunst findet der Kunstliebhaber auf den »Affordable Art Fairs« im Battersea Park an der Südseite der Themse.

Leichte Muse und Musicals

Wer Shakespeare's Globe Theatre und die Royal Albert Hall auf der Sightseeing-Liste abhaken kann, sucht jetzt vielleicht etwas »leichtere« Kost: beispielsweise ein Pop-Konzert im O2, Rockmusik im legendären 100 Club oder erlesenen Jazz bei Ronnie Scott's? Wie wäre es mit Stand-Up-Comedy oder einem Kinobesuch? Das IMAX bei Waterloo Station kann sich der größten Leinwand Englands rühmen.

Kein Londonbesuch ist natürlich komplett ohne eines der vielen **Musicals** erlebt zu haben. Andrew Lloyd Webbers »Phantom of the Opera« läuft seit vielen Jahren mit großem Erfolg, sensationell ist auch das mitreißende »Les Misérables« oder das fast immer ausverkaufte ABBA-Musical »Mamma Mia«. Kurzum: Es ist die einmalige Spannbreite, die enorme Fülle des Gebotenen, die London im Bereich Unterhaltung so interessant machen.

Die National Gallery, ein Highlight für Liebhaber von Werken alter Meister wie Botticelli, Tizian oder Frans Hals. Aber auch Turner, Renoir und Monet sind vertreten.

MUSEEN UND GALERIEN

Eine unendliche Auswahl an Exponaten erwartet den London-Besucher. Von Schätzen aus der Antike über wissenschaftliche Entdeckungen bis hin zur modernen Kunst.

Antike Kunst

Eine Pilgerstätte für Kunstfreunde ist die **National Gallery** (→ S. 87), deren berühmte Gemäldesammlung rund 2300 Werke umfasst. In der **National Portrait Gallery** (→ S. 90) hingegen ist der Ruhm des Porträtierten das entscheidende Merkmal (wegen Renovierung von Juni 2020 bis Frühjahr 2023 geschlossen). Britische Kunst vom Jahre 1500 bis in die Gegenwart ist Schwerpunkt der **Tate Britain** (→ S. 147).

Moderne und zeitgenössische Kunst

Die **Royal Academy of Arts** (→ S. 70), Großbritanniens ältestes Kunstmuseum, veranstaltet seit mehr als 200 Jahren die »Summer Exhibition« mit Werken von Amateurkünstlern. Die **Tate Modern** (→ S. 108), ein Ableger der Tate Britain, widmet sich moderner Kunst und spektakulären Wechselausstellungen. Die **Whitechapel Art Gallery** (→ S. 186) zeigt seit mehr als hundert Jahren Werke großer Künstler wie Picasso, Mark Rothko oder Jackson Pollock, bietet aber auch zeitgenössischen Malern eine Plattform.

Kultur und Geschichte

Sammlerstücke aus aller Welt, die der Naturwissenschaftler Hans Sloane zusammengetragen hat, können im **British Museum** (→ S. 170) ebenso bestaunt werden wie Skulpturen des griechischen, römischen und ägyptischen Altertums. Ein Museum von Weltrang für Kunsthandwerk und dekorative Kunst ist das **Victoria & Albert Museum** (→ S. 135) in Kensington. Nicht weit entfernt, zieht das **Design Museum** (→ S. 154), das führende Museum für Design und Architektur, interessierte Besucher an. Englische Möbel und Einrichtungsgegenstände (17.–20. Jh.) sind im **Geffrye Museum** (→ S. 185) vereint. Während man im **Museum of London** (→ S. 115) auf eine Zeitreise durch die Epochen der britischen Hauptstadt gehen kann, befasst sich das **Imperial War Museum** (→ S. 103) primär mit den beiden Weltkriegen und Konflikten der Neuzeit. Das **Museum of London Docklands** (→ S. 186) zeigt anschaulich die 2000-jährige Geschichte des Londoner Hafens. Maritime Themen wie Schifffahrt, Sternenkunde und Zeitmessung sind das Thema in den **Royal Museums Greenwich** (→ S. 187). Das **Museum of the Order of St John** (→ S. 175) erzählt anschaulich die spannende Geschichte der Kreuzritter und des im 11. Jahrhundert in Jerusalem gegründeten Ordens.

Residenzen und Privatsammlungen

Im **Charles Dickens Museum** (→ S. 174), wo der berühmte Schriftsteller zwei Jahre lang wohnte, sind die Romane »Oliver Twist« und »Nicholas Nickleby« entstanden. **Handel & Hendrix in London** (→ S. 74) beleuchtet das Schaffen zweier berühmter Musiker aus völlig unterschiedlichen Epochen, die in Mayfair sozusagen Tür an Tür lebten: der Komponist Georg Friedrich Händel und der Gitarrenvirtuose Jimi Hendrix. Royal geht es zu in **The Queen's Gallery** (→ S. 95) im Buckingham Palace, wo Gemälde und Kunstwerke aus der Sammlung des Königshauses zu bewundern sind. Im **Sherlock Holmes Museum** (→ S. 164) wird der Besucher zurückversetzt in die Zeit des Romandetektivs und seines treuen Gefährten Dr. Watson, beide aus der Feder des Schriftstellers Arthur Conan Doyle.

Wechselausstellungen und Galerien

Für faszinierende Wechselausstellungen aus den Bereichen Mode, Fotografie und Kultur ist die **Barbican Art Gallery** (→ S. 115) ein geschätzter Ort. Wechselausstellungen sowie jährlich ein neuer Sommerpavillon von bekannten Architekten stehen im Fokus der **Serpentine Galleries** (→ S. 133) in den Kensington Gardens, während die **Hayward Gallery** (→ S. 108) im Southbank Centre ihr Augenmerk auf die Werke zeitgenössischer Künstler legt. Londons größte Galerie für Fotografie, die **Photographers' Gallery** (→ S. 72), beeindruckt mit fotografischen Meisterwerken, zeigt aber auch Ausstellungen von vielversprechenden Newcomern. Internationale Gegenwartskunst inklusive Filme sind der Schwerpunkt der Galerie **Hauser & Wirth**. In seiner **Saatchi Gallery** (→ S. 147) fördert der britisch-irakische Kunstliebhaber Charles Saatchi junge Talente. Das **Institute of Contemporary Arts** in St James's gibt Einblicke in die führende Avantgarde dieses Genres. Besondere Berücksichtigung finden dabei zeitgenössische Werke von britischen Künstlern.

Naturwissenschaft und Technik

Ein unwahrscheinlicher Reichtum zoologischer, botanischer, mineralogischer und paläontologischer Exponate offenbart sich dem Besucher im **Natural History Museum** (→ S. 135). Im **Science Museum** (→ S. 135) wiederum werden die Wunder und Errungenschaften von Wissenschaft und Technik anschaulich und verständlich gemacht.

Das riesige Skelett eines Blauwals empfängt den Besucher im Natural History Museum, bevor er sich im Darwin Centre den Dinosauriern zuwendet.

Im British Museum kommt man aus dem Staunen nicht heraus. Ein Faszinosum ist die Abteilung Altes Ägypten mit der Sammlung ägyptischer Büsten und Mumien.

DAS BRITISH MUSEUM

... und sein Gründer Sir Hans Sloane

Steht man im British Museum fasziniert vor interessanten Exponaten aus aller Welt, wird man an den Arzt, Naturforscher und Sammler Sir Hans Sloane (1660–1753) erinnert, dessen rund 71 000 Exponate 1759 den Grundstock für das Museum in Bloomsbury bildeten.

In Killyleagh – einer kleinen Stadt in Nordirland – geboren, trug er schon als kleiner Junge zusammen, was die Natur an Besonderem und Kuriosem zu bieten hatte: Insekten, Fossilien, Steine – alles war unendlich interessant. Im Lauf seines Lebens voller Abenteuerlust, Wissbegierde und Neugier entstand so eine **Sammlung**, die den Ruf eines der bedeutendsten kulturgeschichtlichen Museen der Welt begründete. Und nicht nur das, denn auch die **British Library** profitierte von den rund 50 000 Büchern und Manuskripten, die Sloane veröffentlichte und zusammentrug, während das **Natural History Museum** sein 334-teiliges Herbarium mit getrockneten Pflanzen aus aller Welt erbte.

Sloane studierte Medizin und Botanik und eröffnete eine erfolgreiche Arztpraxis in No. 3 Bloomsbury Place. Hochbeliebt bei Londons Adel, zählte er Königin Anne und die Könige George I. und George II. zu seinen Patienten. Ebenso gehörten große Namen zu seinem Bekannten- und Freundeskreis. Hier sei nur der Physiker Isaac Newton genannt, dessen Nachfolge er 1727 als Präsident der Royal Society antrat.

Hans Sloane erreichte das hohe Alter von 92 Jahren; seine letzte Ruhestätte fand der Wissenschaftler in der Chelsea Old Church.

Von seinen vielen Reisen, insbesondere in die Karibik, brachte Sloane Exotisches und Unschätzbares mit, sogar eine Ehefrau. Er heiratete Elizabeth Langley-Rose, Witwe eines Plantagenbesitzers aus Jamaika, die seine Reise- und Sammellust zum großen Teil finanzierte. Als das Haus in Bloomsbury Place zu klein wurde, kaufte er die No. 4 dazu, aber letztendlich konnte nur ein prächtiges Herrenhaus in Chelsea mit großen Ländereien der wachsenden Sammlung standhalten. In diesem Stadtteil erinnern der Sloane Square und Hans Crescent an den Naturforscher, und im Chelsea Physic Garden blickt sein Standbild auf die Heilpflanzen der Apotheker herab.

Auch im **British Museum** werden Besucher von einer Büste des bekannten Arztes begrüßt. Kaum eingetreten in das mächtige Gebäude mit klassizistischer Fassade in der Great Russel Street wird klar, wie viel Zeit der Museumsenthusiast in den Räumen der Archäologie, Geschichte Europas, Ägyptens und Sudans, des Orients und … verbringen möchte. An den Marmorfriesen und Statuen des Athener Parthenon entlangzugehen oder vor dem berühmten Rosettastein (186 v. Chr.) aus Ägypten zu stehen. 1799 nahe der Stadt Rasid am Mittelmeer gefunden, trug er dazu bei, das Wunder der Hieroglyphen-Entzifferung zu ermöglichen.

Und natürlich lockt der absolute Mittelpunkt des Museums zum Staunen und Ausspannen. Die blau schimmernde **Glaskuppel** des Great Court, 2000 von Architekt Norman Foster entworfen. Hier lässt sich genüsslich eine heiße Schokolade trinken, denn auch diese Köstlichkeit ist mit dem Namen Hans Sloane verbunden: Er führte das süße Getränk in England ein.

ABENDGESTALTUNG

Für alle, die am Abend noch mehr von London kennenlernen möchten, hier einige besonders empfehlenswerte Adressen für kulturelle Erlebnisse.

OPER, BALLETT, KLASSIK

London Coliseum G3
Heimat der English National Opera und des English National Ballet. Mit 2400 Plätzen Londons größtes Theater.
Covent Garden | St Martin's Lane, WC 2 | U-Bahn: Leicester Square | www.eno.org | Tel. 0 20/75 81 12 45 | www.ballet.org.uk

Royal Opera House G3
Das 1732 gegründete Opernhaus ist eines der führenden Häuser für Oper und Ballett, in dem große Namen und das Royal Ballet auftreten.
Covent Garden | Bow Street, WC 2 | U-Bahn: Covent Garden | Tel. 0 20/73 04 40 00 | www.roh.org.uk

Barbican Hall K2
Im modernen Barbican-Centre-Komplex, Heimat des London Symphony Orchestra (der Eingang ist nicht leicht zu finden).
Covent Garden | St Martin's Lane, WC 2 | U-Bahn: Leicester Square | Barbican | Silk Street, EC 2 | U-Bahn: Barbican | Tel. 0 20/76 38 88 91 | www.barbican.org.uk | Mo–Sa 9–23, So 11–23 Uhr

Cadogan Hall E5
Schöne Art-déco-Halle, 1907 als Kirche erbaut, mit toller Akustik. Hier ist das Royal Philharmonic Orchestra zu Hause.
Covent Garden | Bow Street, WC 2 | U-Bahn: Covent Garden | Chelsea | 5 Sloane Terrace, SW 1 | U-Bahn: Sloane Square | Tel. 0 20/77 30 45 00 | www.cadoganhall.com

Royal Albert Hall C4

In dem schönen Rundbau finden außer den alljährlichen Promenadenkonzerten auch Rockkonzerte und Sportevents statt.

South Kensington | Kensington Gore, SW 7 | U-Bahn: South Kensington | Tel. 0 20/75 89 82 12 | www.royalalberthall.com

THEATER

National Theatre H4

Ein Musentempel mit drei unterschiedlichen Theatern.

South Bank | Upper Ground, SE 1 | U-Bahn: Waterloo | Tel. 0 20/74 52 30 00 | www.nationaltheatre.org.uk

Old Vic Theatre H4

Filmstar Kevin Spacey hauchte dem Theater neues Leben ein.

Waterloo | 103 The Cut, SE1 | U-Bahn: Waterloo | www.oldvictheatre.com

Theatre Royal Haymarket G3

Londons ältestes Repertoiretheater erlebte schon Uraufführungen der Werke von Ibsen, Wilde und Somerset Maugham.

Trafalgar Square | Haymarket, SW 1 | U-Bahn: Piccadilly Circus | Tel. 0 20/79 30 88 00 | www.trh.co.uk

POP, ROCK, JAZZ

O2 östl. L3

Entertainment-Komplex mit großer Konzert-Arena für Rock und Pop im ehemaligen Millennium-Dome.

Greenwich | Greenwich Peninsula, SE 10 | U-Bahn: North Greenwich | Tel. 08 44/85 60 20 2 | www.theo2.co.uk | tgl. 9–1 Uhr

Ronnie Scott's G3

Die Pilgerstätte für Jazzfans ist seit 1959 eine Institution.

Soho | 47 Frith Street, W 1 | U-Bahn: Tottenham Court Road | www.ronniescotts.co.uk | Mo–Sa 18–3, So bis 24 Uhr

FESTKALENDER

Januar
New Year's Day Parade
Riesiger, bunter Neujahrs-Umzug mit 10 000 Musikern, Tänzern, Akrobaten, Feuerwerk und mehr.

1. Januar | www.lnydp.com

Februar
Chinese New Year
Farbenfroher Umzug vom Trafalgar Square bis Chinatown mit Musik und Drachentänzen.

Ende Januar/Anfang Februar | www.chinatownlondon.org

März
Oxford and Cambridge Boat Races
Traditionelle Ruderregatta der beiden ältesten englischen Universitäten von Putney Bridge bis Mortlake.

Ende März/Anfang April | www.theboatraces.org

April
London Marathon
Ein Sportereignis, das die Atmosphäre eines Straßenkarnevals hat.

Mitte April | www.virginmoney-londonmarathon.com

Mai
Chelsea Flower Show
Bezaubernde Blumen- und Gartenschau auf dem Gelände des Royal Hospital Chelsea.

Ende Mai | www.rhs.org.uk/chelsea

Open-Air-Theatre
Shakespeare-Dramen und Musicals auf dieser einmaligen Freilichtbühne im Regent's Park.

Mai–September | www.openairtheatre.com

Juni
Garter Ceremony und Royal Ascot
Alljährliches Treffen der Ritter des Hosenbandordens auf Schloss Windsor am Tag vor dem Beginn der Ascot Pferderennen-Woche.

Anfang–Mitte Juni | www.royal.uk | www.ascot.co.uk

Trooping the Colour
Spektakuläre Militärparade zum offiziellen Geburtstag der Queen.

Zweiter Samstag im Juni | www.trooping-the-colour.co.uk

Royal Academy Summer Exhibition
Ausstellung vielversprechender neuer Talente und noch unbekannter Künstler.
Juni–Mitte August |
www.royalacademy.org.uk

Wimbledon-Tennis-Meisterschaft
Das älteste Tennisturnier der Welt seit 1877 auf dem »heiligen Rasen«.
Ende Juni–Anfang Juli |
www.wimbledon.com

August
Notting Hill Carnival
Farbenfrohes afrokaribisches Spektakel mit fantasievollen Kostümen, Umzügen und fröhlichem Treiben.
Letztes Wochenende im August |
www.thenottinghillcarnival.com

September
Totally Thames Festival
Ruderregatta, flankiert von Kunst, Musik und Jahrmarkt an der Themse.
Den ganzen September |
www.totallythames.org

The London Design Festival
Neueste Design-Trends in 300 Events über ganz London verstreut.

Mitte September |
www.londondesignfestival.com

Pearly Harvest Festival
Erntedankfest der *Pearly Kings and Queens* in ihren mit Perlmuttknöpfen versehenen Kostümen.
Letzter Sonntag im September |
www.pearlysociety.co.uk

Oktober
London Film Festival
Internationale Filmfestspiele mit vielen Premieren.
Anfang–Ende Oktober |
www.bfi.org.uk/lff

November
Veteran Car Run
Oldtimer-Rennen von Hyde Park Corner bis nach Brighton. Die altehrwürdigen Autos können am Tag zuvor in der Regent Street bewundert werden.
Erstes Wochenende im November | www.veterancarrun.com

Lord Mayor's Show
Die Vereidigung des neuen Lord Mayor der City of London, der jährlich neu gewählt wird, wird seit 1535 mit viel Prunk gefeiert.
Zweiter Samstag im November |
www.lordmayorsshow.london

HANDWERK, MODE UND DESIGN

Stella McCartney – Öko-Stern am Modehimmel
Im Flagship-Store von Stella McCartney im noblen Mayfair
werden strikte Prinzipien von Tierschutz und **Nachhaltigkeit** verfolgt. Nicht nur in Bezug auf die Luxusmode, die bei
Prominenten wie der Herzogin von Sussex beliebt ist, sondern
auch im bestechend schlichten Interieur der Boutique. Nur
nachhaltig produzierte natürliche oder recycelte Materialien
werden für die Einrichtung benutzt und alles energiespa-
rend beleuchtet. Die Tochter von Musiker Paul McCartney ist
lebenslange Vegetarierin und Tierschützerin und arbeitet nie
mit Leder oder Fell. Sogar Kunstfaser und Kaschmirwolle werden wiederverwertet. Die mehrfach preisgekrönte Designerin
und vierfache Mutter fing schon mit 13 Jahren an zu schneidern und besitzt mittlerweile weltweit 17 Boutiquen.

David Linley – Königlicher Tischler
David Albert Charles Armstrong-Jones, 2. Earl of Snowdon
(und Neffe der Queen) ist beruflich als David Linley bekannt;
über seinem Shop in Pimlico Road, Belgravia steht schlicht der
Name Linley. Der international renommierte Möbeldesigner
entdeckte im Alter von 20 Jahren seine Liebe zu diesem Metier,
inspiriert von vielen Stunden, die er in seiner Kindheit im Studio seines Vaters zubrachte, des bekannten Fotografen **Lord
Snowdon**. Dem Käufer der Linley-Kreationen präsentiert sich
die Kunst des Möbel- und Wohndesigns in höchster Vollendung. Jedes Stück ein Unikat. Sanfte Schwünge und gerundete
Linien in ausdrucksstarken Hölzern mit kostbaren Intarsien
erinnern an historische Epochen und verführen zum Betasten.

London Design Festival
Londoner und Designfans aus aller Welt lieben das jährliche
Spektakel im September, das London neun Tage lang in eine

Ein Potpourri aus Eleganz und Geschmack. Die Kollektion aus dem Hause Smythson präsentiert ihre Must-Haves auf der London Fashion Fair im Somerset House.

riesige Galerie verwandelt. Seit 2003 wird die Metropole als »Design-Zentrum der Welt« gefeiert. 400 Ausstellungen und Events der kreativen Szene begeistern mehr als 600 000 Besucher. Newcomer und Berühmtheiten machen das berühmte **Victoria & Albert-Museum** und viele Design-Destinationen zu einem Treffpunkt für Hersteller, Einkäufer, Planer und »Spürnasen« auf der Suche nach neuen Trends. Weltumspannende Kunst, von beeindruckenden Freiluft-Installationen bis zu Keramik, Malerei und Mode bekommt hier eine Bühne.

Smythson – Edles in Leder

Wo soll man beginnen, um die Vielfalt der Schreibwaren und **Lederkollektionen** dieses königlichen Hoflieferanten zu beschreiben? »Eine Welt, die in puncto Luxus keine Kompromisse macht«, lautet das Credo des Unternehmens. Seit der Gründung im Jahre 1887 verwöhnt man Damen und Herren mit ausgesuchter Qualität und innovativen Ideen. Taschen, Etuis, Schreibmappen und Geldbeutel und der seit 1990 kultartige Terminkalender. Exquisites Schreibpapier ergänzt die Liste und regt dazu an, den Füllhalter wieder einmal zur Hand zu nehmen.

Im 32. Stockwerk des Wolkenkratzers »The Shard« werden den Gästen des Oblix Restaurants fantasievolle kulinarische Kreationen serviert. Traumblick inklusive.

KULINARIK

Auf eine Weltreise kann man sich auch begeben, wenn man in London essen geht – eine kulinarische Exkursion. Die verlockendsten Speisen aus aller Welt genießen, ohne die Stadt zu verlassen! Einmalig!

Was für ein Jammer, dass Literat und Spötter Oscar Wilde diese Gaumenfreuden nicht mehr erlebt hat, denn vor rund hundert Jahren stellte er der englischen Küche ein vernichtendes Urteil aus: »Wer in London gut essen will, sollte dreimal frühstücken. Alles andere ist ein Witz«, sagte der Poet.

Nicht mehr, Mr. Wilde, denn zusammen mit der Moderevolution von »Swinging London« begann auch eine totale Umwandlung der Londoner **Restaurantszene**. In der Hauptstadt bekommt man heute rund um die Uhr und in unglaublicher Auswahl vorzügliches Essen. Und es gibt immer wieder etwas Neues zu entdecken.

Eine typische Esskultur existiert kaum in dieser Stadt, die so international ist wie keine andere. Natürlich gibt es noch die Dauerbrenner wie Fish 'n' Chips und Afternoon Tea. Auch Curry ist so beliebt wie eh und je. Übrigens: London hat mehr indische Speiselokale als Delhi und Mumbai zusammen.

Kulinarischer Kosmos

Aber was London so interessant macht, sind die ständig wechselnden kulinarischen Trends. Aus **Westafrika** – Senegal, Ghana und Nigeria – kommen aufregende Gerichte, die von jungen Köchen in London neu interpretiert werden. Ikoyi in St James's ist ein hervorragendes Beispiel und darüber hinaus das einzige afrikanische Restaurant Großbritanniens mit Michelinstern.

Groß im Kommen ist **vegetarische** und **vegane Küche** – aus Gründen der Tierliebe, Umwelt- und Gesundheitsbewusstsein. Schmackhafte pflanzliche Kost wird inzwischen nahezu überall angeboten, von Street-Food-Ständen bis zu Sternerestaurants. Sogar ein hundertprozentig veganisches Pub gibt es, The Spread Eagle.

Food-Courts werden immer beliebter, überdachte Märkte mit Imbiss-Ständen, die eine Fülle internationaler Gerichte anbieten. Einer der neuesten und größten ist Mercato Metropolitano in Elephant and Castle.

Am liebsten essen die Londoner draußen oder mit Blick auf ihre wunderschöne Stadt: in **Roof-Top Bars** oder Restaurants und Pubs am **Themseufer**.

Gin- und Bier-Revolution

Auch auf dem Getränkemarkt zeigen sich neue Trends. »Mother's Ruin« hieß **Gin** noch im 18. Jahrhundert, als der Maler William Hogarth 1751 in seinem Druck »Gin Lane« den Gin-Wahn anschaulich darstellte. Im 21. Jahrhundert erfreut sich die wacholderhaltige Spirituose neuer Popularität. Kleinbrennereien und Gin-Bars sprießen aus dem Boden und bieten eine verwirrende Auswahl aromatisierter Sorten.

Darüber hinaus beherrschen kleine unabhängige **Bier-Brauereien** plötzlich den Markt mit interessanten neuen Varianten, oft mit kuriosen Namen wie Five o'Clock Shadow oder Much Kneaded.

Da wünschte man sich beinahe, dass Oscar Wilde mal eben vorbeischaut. Der wäre sicher beeindruckt von dieser gigantischen »geistigen« Getränkeauswahl.

Das traditionelle Sonntagsessen der Engländer

Aus der Küche kommen kulinarische Wohlgerüche; im Ofen brutzelt der Sonntagsbraten; die Familie freut sich auf den *Sunday Roast* – schon alleine diese beiden Wörter suggerieren **Gaumenfreuden**.

Sunday Roast, das hat Tradition, das ist *home cooking*, ganz wie bei Muttern, wo englische Familien sich seit Jahrhunderten sonntagmittags um den Esstisch versammeln. Die Bestandteile haben sich im Laufe der Zeit kaum geändert: Braten – vom Rind, Lamm, Schwein oder Huhn – mit Gemüsebeilage. Beim klassischen **Rinderbraten** darf natürlich der *Yorkshire Pudding* nicht fehlen. Diese Beilage klingt wie ein Nachtisch, ist aber nicht süß. Der Teig aus Mehl, Eiern und Milch wird in einer Art Muffin-Form im Ofen gebacken.

Inzwischen ist das Roastbeef etwas so Typisches, dass die Franzosen den Spitznamen »les rosbifs« für die Engländer erfanden.

Zum Lammbraten wird die berühmte *mint sauce* gereicht, eine Minzsoße, die einst – oh Schreck! – den Geschmack des oft ranzigen Fleisches überdecken sollte. Dazu gibt es *roast potatoes*, Kartoffelhälften, die im Ofen zusammen mit dem Braten gegart werden, bis sie schön knusprig sind. Pastinaken, Erbsen und Karotten gehören auch dazu. Fleisch und Gemüse werden auf dem Teller reichlich mit *gravy*, Bratensoße, übergossen und dann heißt es: »Tuck in!« Guten Appetit!

Zum **Nachtisch** gibt es englische Dessert-Klassiker wie *Apple Crumble*, ein dem Streuselkuchen ähnlicher Auflauf aus gedünsteten Äpfeln ohne Teigboden. Dazu wird Vanilleeis oder Flüssigsahne gereicht. Oder soll es vielleicht ein *Sticky Toffee Pudding* sein? Sehr verlockend, so ein warm servierter kuchenartiger Nachtisch aus Datteln, Butter, Zucker und Sirup mit Karamellsoße. Und last, but not least der *Bread and Butter Pudding* – eine traumhafte Kombination aus (ursprünglich

altem) Kastenweißbrot oder Toastbrot, Rosinen und einer Milch-Ei-Mischung, die darüber gegossen wird. Dann ab in den Ofen und: »Enjoy!« Diese drei Desserts dürfen bei keinem *Sunday Lunch* fehlen. *Delicious* – einfach köstlich!

Im 15. Jahrhundert, zur Zeit von King Henry VII., aß die königliche Garde sonntags nach dem Kirchenbesuch *roast beef*, dem sie angeblich ihren Namen *Beefeaters* zu verdanken hat. Später setzte sich dieses Gericht auch in der Bevölkerung durch. Man brachte auf dem Weg zur Kirche das rohe Stück Fleisch zum Bäcker, wo es dann im Backofen, der sonntags frei war, gegart wurde.

Heute wird dieses typisch englische **Sonntagsessen** häufig auch im Pub oder Restaurant verzehrt. Denn das altehrwürdige Gericht ist wieder fein geworden, wird auch in gehobenen Restaurants serviert und oft mit untypischen Zutaten oder Gemüsesorten aufgepeppt. Da werden zum Beispiel außer Karotten und Kartoffeln auch schon mal Spinat oder Süßkartoffeln gereicht. Trotz des gegenwärtigen vegetarischen und veganen Trends, bleibt der Sonntagsbraten für viele Briten das Lieblingsessen. Besonders gut schmeckt er im Hawksmoor Knightsbridge, The Swan at Shakespeare's Globe und The Anchor & Hope in Waterloo.

KULINARISCHES LEXIKON

apple juice: Apfelsaft
asparagus: Spargel

bacon: Speck
baked: gebacken
beans: Bohnen
beef: Rindfleisch
biscuit: Keks
bitter: dunkles Bier
boiled: gekocht, gesotten
bottle: Flasche
bread: Brot
Brussels sprouts:
  Rosenkohl
bun: süßes Brötchen

cabbage: Kohl
calves liver: Kalbsleber
cauliflower: Blumenkohl
cereals: Cornflakes, Müsli
cherry: Kirsche
chicken: Huhn,
  Hühnerfleisch
chips: Pommes frites
chop: Kotelett
cod: Kabeljau
cooked: gebraten, gebacken
cookie: Keks
corn: Mais
cottage cheese: Hüttenkäse
cranberry: Preiselbeere
cutlet: Kotelett

decaffeinated: koffeinfrei
dish of the day:
  Tagesgericht
draught beer: Bier vom Fass
duck: Ente
dumplings: Klöße

egg: Ei
– **boiled egg:** gekochtes Ei
– **fried egg:** Spiegelei
– **scrambled egg:** Rührei
escalope: Schnitzel

fish 'n' chips:
  Fisch mit Pommes
french beans:
  grüne Bohnen
fried: in der Pfanne
  gebraten

game: Wild
garlic: Knoblauch
grape: Weintraube
gravy: Bratensauce

haddock: Schellfisch
ham: gekochter Schinken
herbs: Kräuter
hot: heiß, scharf, pikant

jam: Marmelade
juice: Saft

kidney: Niere
knife: Messer

lager: helles Bier
lamb: Lamm, Schaffleisch
lentils: Linsen
lettuce: (Kopf-)Salat
lobster: Hummer
loin: Lendenstück

mashed potato:
   Kartoffelbrei
meat: Fleisch
menu: Speisekarte
minced meat: Hackfleisch
mint sauce:
   Pfefferminzsauce
mushroom: Pilz
mussel: Muschel
mustard: Senf

onions: Zwiebeln
oysters: Austern

pancake: Pfannkuchen
parsley: Petersilie
pastry: Pasteten
peach: Pfirsich
peas: Erbsen
pear: Birne
peppers: Paprika (Gemüse)
pie: Pastete
pineapple: Ananas
pork: Schweinefleisch
poultry: Geflügel
prawn: Garnele
pumpkin: Kürbis

raspberries: Himbeeren
rib: Rippe
roast: Braten
roll: Brötchen

salmon: Lachs
sausage: Wurst
scones: (weiches) Teegebäck
sirloin: Lendenstück (Rind)
slice: Scheibe
sole: Seezunge
spicy: gewürzt, pikant
spirits: Spirituosen
starter: Vorspeise
steamed: gedämpft
stewed: geschmort
stout beer: dunkles
   Starkbier
strawberries: Erdbeeren
stuffed: gefüllt

tart: Törtchen
trifle: süßer Auflauf
   mit Früchten
trout: Forelle
tuna: Thunfisch
turkey: Truthahn
turnip: Rübe

veal: Kalbfleisch
vegetable: Gemüse
venison: Wild, Reh

walnut: Walnuss
well done: durchgebraten
whipped cream:
   Schlagsahne

Ein Bollwerk der Christenheit:
St Paul's Cathedral, aus dem Blick-
winkel eines Fußgängers, der die
Millennium Bridge überquert.

HINEIN IN DIE STADT

COVENT GARDEN UND HOLBORN

Wo man heute vorbei an Straßenkünstlern zur Oper schlendert, bauten Nonnen vor tausend Jahren in den »Convent«-Gärten Gemüse an. Nicht weit entfernt werden auch heute noch Rechtsanwälte in den Inns of Court ausgebildet.

Nachdem Henry VIII. 1540 alle Klöster abschaffte, pachtete Baron Russell, später Herzog von Bedford ein großes Stück Land in London und erteilte Städteplaner Inigo Jones 1630 den Auftrag, das Gebiet zu sanieren. So entstand Londons allererster »Square«, eine von schönen Häusern eingerahmte quadratische Grünanlage, und **The Piazza**, die rund 250 Jahre lang als Obst- und Gemüsemarkt diente, bis der Markt 1974 nach Nine Elms verlegt wurde.

Inigo Jones baute auch die St Paul's Church, genannt »the actors church«, wo Gedenktafeln an die Akteure Charlie Chaplin, Vivien Leigh und Buster Keaton erinnern.

Auf den Stufen der Kirche St Paul's entdeckte George Bernard Shaw tatsächlich das Blumenmädchen Eliza Doolittle, das ihn zu seiner Komödie »Pygmalion« inspirierte.

Bekannt ist Covent Garden für das Royal Opera House mit dem wunderschönen Glasbau der ehemaligen Floral Hall. Aber auch die Fülle an Theatern zeichnet diese Gegend aus, wie z. B. das älteste Theater Londons, das Theatre Royal Drury Lane, das Adelphi oder Lyceum Theatre.

An der Südseite dieses Stadtteils, an The Strand, ist das im Jahre 1547 vom Herzog von Somerset erbaute Somerset House einen Besuch wert. Hier kann man Ausstellungen der Cour-

Neal's Yard, ein Kleinod in Covent Garden. Die kleine Gasse, die in einen Innenhof mündet, lädt zum Schlendern und Verweilen in einem der Cafés ein.

tauld Gallery besichtigen oder im Sommer einen Drink mit Blick auf die Themse genießen.

Vorbei an den Kirchen St Mary le Strand und St Clement Danes gelangt man in Richtung Osten in den Stadtteil **Holborn**, wo die vier Inns of Court, die Rechtsschulen, zu Hause sind. Hier studierten schon die Premierminister Tony Blair, Margaret Thatcher und Herbert Henry Asquith. Gleich am Anfang beeindruckt die imposante Fassade der Royal Courts of Justice, des Zivilgerichts, wo Elton John eine Verleumdungsklage ausfocht und wo die Untersuchungsverhandlungen zu Prinzessin Dianas Tod stattfanden. Den Eingang der Fleet Street bewacht die Griffin-Statue. Hier befand sich einst das Zentrum der **englischen Presse**, die in den Jahren 1996 bis 2003 allerdings nach Wapping verlegt wurde. Sehenswert ist die 1703 erbaute **St Bride's Church**, die Kirche der Journalisten.

In die geheimnisvolle Welt der englischen Jurastudenten kann man durch die Gärten von Lincoln's Inn, Gray's Inn oder Temple einen Blick werfen. Hatton Garden, die historische Straße der Juweliere, bietet eine atemberaubende Auswahl schönen Schmucks. Im Pub Knights Templar in Chancery Lane, dem Ye Olde Cheshire Cheese, Fleet Street, oder – sehr edel – im Grill Room des Savoy Hotel kann man den Tag stilvoll mit einem Drink ausklingen lassen.

Sehenswertes

① SEVEN DIALS G3

Das herrliche Wirrwarr kleiner Straßen trifft an diesem Knotenpunkt sternförmig zusammen. In der Mitte der sieben Gassen, zu denen die Einkaufsstraßen **Monmouth Street** und **Earlham Street** zählen, zeigt eine Säule mit Sonnenuhren die Zeit an.

U-Bahn: Covent Garden

⬭ IM VORBEIGEHEN ENTDECKT

② BRIDGE OF ASPIRATION

Auf dem Weg zur Piazza von Covent Garden U-Bahn Station lohnt sich ein Blick nach links von der James Street in die Floral Street. Dort windet sich in der Höhe des vierten Stockwerks ein konzertina-artiges Gebilde zwischen der Royal Ballet School links und dem Royal Opera House rechts. Es ist die preisgekrönte Bridge of Aspiration, durch die Ballettschüler hoch über den Touristen zu ihren Proben ins Opernhaus gelangen. Die **Fußgängerbrücke** wurde von dem renommierten Architektenbüro Wilkinson Eyre konstruiert.

⭐ MERIAN TOP 10

③ COVENT GARDEN MARKET (THE PIAZZA) G3

Im Mittelalter bauten Mönche hier das Obst und Gemüse für die Westminster Abbey an. Der Klostergarten war also ein »Convent Garden«, dessen Name sich mit der Zeit zu Covent Garden veränderte. Einige Jahre nach der Bebauung durch Inigo Jones 1631 gab es hier wieder Obst- und Gemüse zu kaufen. Der erfolgreiche Markt hielt sich bis 1974, bis er aus Platzgründen verlegt wurde. Den historischen **Markthallen** hauchte man neues Leben ein, und die Gegend, mitten im Theaterland, hat sich zu einem beliebten Anziehungspunkt entwickelt, voller interessanter kleiner Läden und Stände, net-

© MERIAN-Kartographie

SEHENSWERTES

1 Seven Dials
2 Bridge of Aspiration 👁
3 Covent Garden Market (The Piazza) ⭐
4 St Paul's Church
5 Royal Opera House 🚩
6 Somerset House 🚩
7 The Courtauld Gallery
8 Royal Courts of Justice
9 The Temple
10 St Bride's Church
11 The London Silver Vaults
12 Gray's Inn und Lincoln's Inn

ESSEN UND TRINKEN

1 Rock & Sole Plaice
2 J Sheekey
3 Rules
4 The Delaunay

EINKAUFEN

5 The Tea House
6 Penhaligon's
7 Hatton Garden

ABENDGESTALTUNG

8 American Bar
9 Lobby Bar
10 The George on the Strand

Covent Garden Piazza. In den illustren Markthallen soll im Musical »My Fair Lady« Professor Higgins das Blumenmädchen Eliza Doolittle kennengelernt haben.

ter Imbisslokale und schicker Restaurants. Musiker und Straßenkünstler geben dem Ganzen ein buntes Flair.

Covent Garden | WC 2 | U-Bahn: Covent Garden

④ ST PAUL'S CHURCH G3

Aufgrund ihrer langen Beziehung zu den umliegenden Theatern wird sie »Kirche der Schauspieler« genannt, und Gedenktafeln erinnern an große Stars der Bühne. Inigo Jones hatte den Säulenportikus auf der Piazza-Seite als Eingang geplant, doch die Kirchenmänner hatten andere Ideen. Deshalb liegt der Eingang des Gotteshauses hinten, im hübschen Garten. Ein Blickfang ist das geschnitzte Blumengebinde am **Westportal** von Grinling Gibbons.

Covent Garden | Bedford Street, WC 2 | U-Bahn: Covent Garden | www.actorschurch.org | Mo–Fr 8.30–17, So 9–13 Uhr

⬛ MERIAN EMPFEHLUNG

⑤ ROYAL OPERA HOUSE G3

Das weltberühmte, 1732 gegründete Opernhaus ist eines der führenden Häuser in der Welt der Oper, aber auch des Balletts, denn es ist Heimat des **Royal Ballet**, das gleich nebenan die

Balletttänzer der Zukunft ausbildet. Es zieht Weltstars und internationales Publikum gleichermaßen an. Das großzügig gestaltete Gebäude sollte man besucht haben, selbst wenn die Zeit nicht für einen Opernabend reicht. Führungen gewähren einen Blick hinter die Kulissen, manchmal sogar, wenn geprobt wird. Von der Terrassen-Bar des neuen Piazza Restaurants hat man einen herrlichen Blick über die Dächer Londons. Besonders beeindruckend ist die Paul Hamlyn Hall Sektbar in dem schönen Glasbau der ehemaligen Floral Hall.

Covent Garden | Bow Street, WC 2 | U-Bahn: Covent Garden | Tel. 0 20/73 04 40 00 | www.roh.org.uk

MERIAN EMPFEHLUNG

6 SOMERSET HOUSE H3

Der Prachtbau wurde von 1776 bis 1801 für George III. neu gestaltet. Einst als Büros für hohe Regierungsbeamte genutzt, erstrahlen die tausend Räume heute in neuem Glanz. Die **Courtauld Gallery** und die **Embankment Galleries** sind sehenswert, und mehrere Restaurants bieten gutes Essen, u. a. das Pennethorne's Café und das Spring Restaurant von Sterneköchin Skye Gyngell. Im Atriumhof werden im Sommer Filmabende und Konzerte veranstaltet, ab Ende November verwandelt er sich in eine Eisbahn.

Embankment | Somerset House, Strand, WC 2 | U-Bahn: Covent Garden | Tel. 0 20/78 45 46 00 | www.somersethouse.org.uk | tgl. 10–18 Uhr | Eintritt 7–15 £

7 THE COURTAULD GALLERY H3

Die private Kunstsammlung des Textilfabrikanten Samuel Courtauld bildete den Grundstock dieses Museums. Andere Sammlungen kamen dazu. Bilder von Manet, Cézanne und Gauguin hängen neben flämischen und italienischen Meistern aus dem Besitz des Grafen Seilern. Den Rubens-Werken ist ein ganzer Raum gewidmet.

Embankment | Somerset House | Strand, WC 2 | U-Bahn: Temple | www.courtauld.ac.uk | wegen Renovierung bis Anfang 2021 geschl.

❽ ROYAL COURTS OF JUSTICE H3

Das verschwenderisch mit Giebeln und Türmchen versehene Gebäude der »Law Courts« wurde 1874 von George Edmund Street begonnen und 1882 durch Queen Victoria eröffnet. Es umfasst 88 Gerichtssäle, in denen Zivilklagen verhandelt werden, wie etwa Verleumdungsklagen von Elton John oder die Untersuchungsverhandlungen zu Lady Dianas Tod.

Temple | Strand, WC 2 | U-Bahn: Temple | Tel. 0 20/79 47 60 00 | Mo–Fr 9.30–16.30 Uhr | Eintritt frei (Mindestalter 14 Jahre)

❾ THE TEMPLE H3

Bis zu seiner Auflösung im Jahre 1312 war hier der Sitz des mächtigen geistlichen Ordens der Templer, der Kreuzritter. Im 15. Jh. wurde das weitläufige Gelände zu einer Rechtsgelehrtenschule. Durch einen Torweg gelangt man in ein überraschend schönes Fleckchen mit historischen Gebäuden, blühenden Gartenanlagen und dem im Jahre 1162 entstandenen Rundbau der **Temple Church**. Das Interesse an dieser Kirche der Kreuzritter wurde durch Dan Browns Bestseller »Da Vinci Code« neu entfacht. Mittwochmittags sollte man sich Zeit nehmen für eins der kostenlosen Orgelkonzerte.

Embankment | Fleet Street, EC 4 | U-Bahn: Temple | Tel. 0 20/73 53 34 70 | www.templechurch.com | Mo–Fr 10–16 Uhr | Eintritt 5 £

❿ ST BRIDE'S CHURCH J3

Der Turm dieser »Kirche der Journalisten« erinnert an einen mehrstöckigen Hochzeitskuchen. Sie ist die **Pfarrkirche** der Presse und der Drucker, denn sie steht im ehemaligen Presseviertel von Fleet Street. In der **Krypta** sind Ausgrabungsfunde aus römischer Zeit zu besichtigen.

City | Fleet Street, EC 4 | U-Bahn: Blackfriars | www.stbrides.com | Mo–Fr 8–18, Sa 10–15.30, So 10–18.30 Uhr | Eintritt frei

⓫ THE LONDON SILVER VAULTS H2

In alten Kellergewölben reihen sich 30 Geschäfte mit antikem Gebrauchssilber aus vielen Epochen aneinander und bieten ein einmaliges Einkaufserlebnis.

Royal Courts of Justice: In den im Stil des Gothic Revival errichteten Gerichts-sälen an der Strand im Stadtteil Holborn werden Zivilklagen verhandelt.

Holborn | Chancery House: 53–64 Chancery Lane, WC 2 |
U-Bahn: Chancery Lane | www.silvervaultslondon.com |
Mo–Fr 9–17.30, Sa 9–13 Uhr | Eintritt frei

⑫ GRAY'S INN UND LINCOLN'S INN H2/3

Dies sind zwei der vier Rechtsgelehrtenschulen, der alle Rich-ter und Anwälte angehören müssen. Die Anlagen aus dem 14. Jh. gruppieren sich um wunderschöne Gärten, und hinter Lincoln's Inn öffnet sich **Lincoln's Inn Fields**, eine der größten öffentlichen Grünflächen Londons.

Holborn | U-Bahn: Chancery Lane
– Gray's Inn: 8 South Square, WC 1 | www.graysinn.org.uk |
Gärten: Mo–Fr 12–14.30 Uhr | Eintritt frei
– Lincoln's Inn: Lincoln's Inn Fields, WC 2 | www.lincolnsinn.org.uk |
Fields: Mo–Fr 10–16 Uhr | Eintritt frei

Essen und Trinken

① *Fish & Chips,*
sehr gefragt
ROCK & SOLE
PLAICE G3
Seit 1871 genießen Einheimi-sche so wie Touristen hier die typisch englischen Fish & Chips. Nicht ganz billig, aber nach wie vor köstlich, und der Fisch ist immer frisch.
Covent Garden | 47 Endell Street, WC 2 | U-Bahn: Covent Garden | Mo–Sa 11.30–22.30, So 12–22.30 Uhr | €€

② Mitten im »Theater-land«
J SHEEKEY G3

1896 gründete der Fisch-händler Joseph Sheekey hier sein Austernrestaurant, mit dem Versprechen, für den Großgrundbesitzer Lord Salisbury, dem der Straßen-zug gehörte, persönlich zu kochen. Das Top-Fischres-taurant liegt in einer Seiten-straße der Theatergegend. Schwarz-Weiß-Fotos von großen Bühnenstars zieren die holzvertäfelten Wände.

Covent Garden | 28–34 St Martin's Court, WC 2 | U-Bahn: Leicester Square | Tel. 0 20/72 40 25 65 | www.j-sheekey.co.uk | Mo–Sa 12–15, 17–24, So 12–15.30, 17.30–22.30 Uhr | €€€

③ Londons ältestes Restaurant
RULES G3

Das Rules besteht seit 1798. Hier genießen distinguierte, gut betuchte Londoner, frü-her waren es Autoren, Prin-zen und Künstler, die tradi-tionelle englische Küche.

Covent Garden | 35 Maiden Lane, WC 2 | U-Bahn: Covent Garden | Tel. 0 20/78 36 53 14 | www.rules. co.uk | Mo–Sa 12–23.45, So 12–22.45 Uhr | €€€

④ Von früh bis spät
THE DELAUNAY G3

Mit einem reichlichen Früh-stück in den beeindrucken-den Räumlichkeiten ist man für den Tag gut gewappnet. Doch hier kann bis Mitter-nacht durchgehend gespeist werden. Das Ambiente ist grandios und stilvoll, und die Speisekarte erinnert an ein Wiener Café. Auf jeden Fall sollte man die köstlichen Ku-chen probieren.

Covent Garden | 55 Aldwych, WC 2 | U-Bahn: Temple | Tel. 0 20/74 99 85 58 | www. thedelaunay.com | Mo–Fr 7–24, Sa 8–24, So 9–22 Uhr | €€€

Einkaufen

⑤ Tea for two und mehr
THE TEA HOUSE G3

Seit 30 Jahren können Tee-liebhaber sich hier die erfri-schendsten Tees aussuchen, von schwarzen oder grünen bis zu Blüten- und Kräuter-tees. Auch nützliches und hübsches Zubehör rund um den Tee wird angeboten.

Covent Garden | 15 Neal Street, WC 2 | U-Bahn: Covent Garden | www.theteahouseltd.com | Mo–Mi 10–19, Do–Sa 10–20, So 11–19 Uhr

⑥ *Duftnoten in Hülle und Fülle*
PENHALIGON'S H3

Seit 1870 Hoflieferant und Hersteller von Duftwässerchen und Parfüms für sie und ihn, dazu kostbare Accessoires in Lederetuis mit Silberverzierung.

Covent Garden | 41 Wellington Street, WC 2 | U-Bahn: Covent Garden | www.penhaligons.com | Mo–Sa 10–19, So 12–18 Uhr

⑦ *Gold, Silber und Edelstein*
HATTON GARDEN H2

Seit dem Mittelalter galt die Gegend als Zentrum des britischen Diamantenhandels. Über 50 Läden bieten alten und modernen Schmuck an.

Holborn | Hatton Garden, EC 1 | U-Bahn: Chancery Lane, Holborn | www.hatton-garden.net

Abendgestaltung

⑧ *»Shaken not stirred«*
AMERICAN BAR G3

Schauspieler Humphrey Bogart trank hier seinen Gin mit Ehefrau Lauren Bacall. 1889 öffnete das Savoy Hotel seine Tore und auch seine American Bar, deren Cocktails bald Legende wurden.

Covent Garden | Savoy Hotel, Strand, WC 2 | U-Bahn: Charing Cross | www.fairmont.com/savoy | Mo–Sa 11.30–24, So 12–24 Uhr

⑨ *Freundlicher Service*
LOBBY BAR H3

Das Ambiente in den ehemaligen Räumen des Verlags der »Morning Post« strahlt Großzügigkeit und Eleganz aus. Trotz der vom Boden bis zur Decke reichenden Fensterfronten ist diese Bar keineswegs kühl, sondern äußerst gemütlich. Ein Blickfang sind die riesigen Blumengestecke.

Covent Garden | One Aldwych Hotel, 1 Aldwych, WC 2 | U-Bahn: Covent Garden | Tel. 0 20/73 00 10 70 | www.onealdwych.com | Mo–Fr 8–24, Sa 9–24, So 9–22.30 Uhr | €€€

⑩ *Des Anwalts Liebling*
THE GEORGE ON THE STRAND H3

Der Pub mit der Tudorfassade liegt gegenüber den Royal Courts of Justice und wird gern von Anwälten und Richtern besucht.

Embankment | 213 Strand, WC 2 | U-Bahn: Temple | Tel. 0 20/73 53 96 38 | www.georgeinthestrand.com | Mo–Sa 11.30–23, So 12–22.30 Uhr | €€

SOHO UND MAYFAIR

Während Soho zwischen Oxford Street und Piccadilly Circus als multikulturelles Viertel, inklusive Chinatown, gilt, schließt sich im Westen das elegante, teure Mayfair mit Designerboutiquen, Juwelieren, Herren-Maßschneidern und Luxushotels an.

Die beiden Stadtteile Soho und Mayfair könnten unterschiedlicher nicht sein. Unzählige Geschichten könnte man beispielsweise über Soho, das nonstop pulsierende Kernstück Londons, erzählen. Hier und da etwas abgeblättert, vermutlich sogar mehr als man gern sehen möchte, befinden sich Bars, Stripshows und Theater zwischen der eleganten Regent Street im Westen und Charing Cross Road im Osten. Im Norden dehnt sich der Stadtteil bis zur Oxford Street aus, im Süden bis Leicester Square und Piccadilly Circus.

Während sich hier im 17. Jh. noch das Jagdrevier des Grafen von Leicester erstreckte, wohnte bereits im Jahre 1765 der siebenjährige Wolfgang Amadeus Mozart mit seinem Vater Leopold in Soho (No. 20, Frith Street). Im 19. Jh. lebte Karl Marx mit seiner Familie im Londoner **Exil**, zunächst unter elenden Umständen in der Dean Street. Friedrich Engels beschrieb 1844 die schrecklichen Zustände der mit **Immigranten** vollgestopften, primitiven Häuser. Die Gegend wurde zum Sammelplatz eines nicht enden wollenden Stroms vieler Verfolgter, vor allem aus Europa, die in London ein neues Zuhause suchten und es auch fanden.

In den »Swinging Sixties« war Soho Mittelpunkt der **Beatnik-Szene** und Wiege von Pop- und Rockstars wie den Rolling Stones und den Beatles, die im weltbekannten Marquee Club auftraten. Ronnie Scott machte 1959 seinen Jazz Club in der Frith Street auf.

Regent Street: Verkehrsknotenpunkt und belebte Einkaufsstraße zugleich.

Chinatown findet man, mit den nicht zu übersehenden chinesischen Toren, in Gerrard Street und Lisle Street. Theater reihen sich in der Shaftesbury Avenue bis zum St Giles Circus regelrecht aneinander. Die Old Compton Street ist Mittelpunkt der Gay-Szene, aber die einstige »halbseidene« Seite Sohos wird von Bürgerinitiativen ziemlich verdrängt. Bücherfreunde können genüsslich im reizvollen Buchladen Foyles in der Charing Cross Road stöbern.

Mayfair, Sohos sehr teurer, eleganter Nachbar, könnte nicht unterschiedlicher sein. Hier findet man die schicke **Designermeile** Bond Street mit teuren Juweliergeschäften und die von Luxushotels gesäumte Park Lane. In der Savile Row, der Straße der Herrenausstatter, lässt »man« sich seine Anzüge maßschneidern. Komponist Georg Friedrich Händel machte 1710 London zu seiner Wahlheimat und wohnte in Mayfair.

Die Boutiquen der international bekannten Modeschöpferinnen Stella McCartney (Old Bond Street) und Victoria Beckham (Dover Street) sind hier ebenso zu finden wie das berühmte **Auktionshaus Sotheby's**. Nach all dem Shoppen ruht man sich am besten beim vornehmen Afternoon Tea im Claridges oder im Brown's Hotel aus oder genießt Fischspezialitäten im feinen Scott's Restaurant.

In der Savile Row hatten die Beatles ihr Apple Studio (No. 3), auf dessen Dach sie ihr legendäres Abschiedskonzert gaben.

SEHENSWERTES
1 Wellington Arch
2 Piccadilly
3 Royal Institution of
   Great Britain
4 Burlington Arcade
5 Royal Academy
   of Arts
6 Piccadilly Circus
   und Eros Brunnen
7 Leicester Square
8 Notre Dame de
   France
9 Chinatown
10 Photographers'
   Gallery
11 Cholera Pump 👁
12 Regent Street
13 St George's Church
14 Sotheby's
15 Handel & Hendrix
   in London
16 Grosvenor Square
17 Oxford Street
18 Marble Arch

**ESSEN UND
TRINKEN**
1 Momo
2 Bentley's Oyster
   Bar & Grill
3 Hawksmoor
   Air Street
4 Yauatcha

EINKAUFEN
5 Selfridges
6 Grays Antique
   Market
7 Liberty
8 Carnaby Street
9 Gieves & Hawkes
10 Burberry Regent
   Street
11 Foyles

ABENDGESTALTUNG
12 Ziggy's
13 Bar Américain in
   der Brasserie Zédel

Sehenswertes

1 WELLINGTON ARCH E4

Triumphbogen mitten auf der Verkehrsinsel Hyde Park Corner. Das Tor wurde 1825 von König George IV. in Auftrag gegeben, zum Gedenken an Wellingtons Sieg über Napoleon. Eine gewaltige Friedensquadriga schmückt den Triumphbogen, die größte Bronzeplastik Europas. Ein Ausstellungsraum erzählt die Geschichte des Denkmals.

St James's | Apsley Way, Hyde Park Corner, W 1 | U-Bahn: Hyde Park Corner | www.english-heritage.org.uk | April–Okt. tgl. 10–18, Nov.–März tgl. 10–16 Uhr | Eintritt 5,70 £

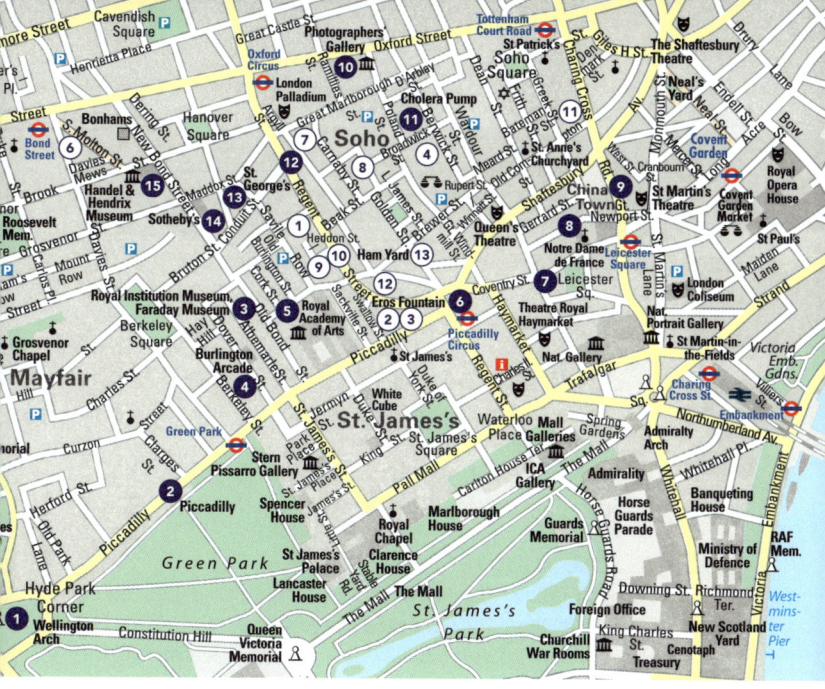

2 PICCADILLY F3/4

Diese elegante Geschäftsstraße verläuft vom Piccadilly Circus bis zum Hyde Park Corner und teilt die vornehmen Stadtteile Mayfair im Norden und St James's im Süden. Sie ist eine der breitesten Straßen im Zentrum von London. Bekannte Wahrzeichen wie die **Royal Academy of Arts**, das Hotel **The Ritz** und das Edelkaufhaus **Fortnum & Mason** sind hier zu finden.

Piccadilly | W 1 | U-Bahn: Piccadilly Circus

3 ROYAL INSTITUTION OF GREAT BRITAIN F3

Das 1799 gegründete Institut dient der Forschung und Förderung der verschiedenen Wissenschaften. Seit 1973 kann man sich das Labor des Physikers Michael Faraday (1791–1867) im **Faraday Museum** anschauen. Er entwickelte die Theorie des Elektromagnetismus.

Mayfair | 21 Albemarle Street, W 1 | U-Bahn: Green Park | www.rigb.org | Mo–Fr 9–17 Uhr | Eintritt frei

❹ BURLINGTON ARCADE F3

Londons älteste und längste **Einkaufspassage** stammt aus dem Jahre 1819. In vornehmer Umgebung unter einem Glasdach wandelt man von einem kleinen Luxusgeschäft zum nächsten. Die Passage wurde vom Grafen von Burlington gebaut, und damit seine Frau unbehelligt einkaufen konnte, stellte er zylindertragende Wächter ein. Die seriösen Herren, die man unter dem Namen *beadles* kennt, sehen auch heute noch nach dem Rechten. Singen, Laufen oder einen Schirm Aufspannen ist hier weder erlaubt noch erwünscht.

Mayfair | Piccadilly, W 1 | U-Bahn: Piccadilly Circus | www.burlington-arcade.com | Mo–Sa 9–19.30, So 11–18 Uhr

❺ ROYAL ACADEMY OF ARTS F3

1768 als königliche Einrichtung mit dem Auftrag gegründet, die schönen Künste im Lande zu pflegen und zu fördern. Die Royal Academy residiert seit 1871 im prachtvollen **Burlington House**. Berühmt ist sie für ihre seit mehr als 200 Jahren stattfindende »Summer Exhibition«, die Werke von Amateurkünstlern ausstellt. Im Besitz der Akademie sind wertvolle Sammlungen alter Meister. Das kostbarste Stück ist Michelangelos »Taddei Tondo«, ein kreisförmiges Marmorrelief, auf dem die Jungfrau Maria mit Jesus und dem Johannesknaben abgebildet ist.

Piccadilly | Burlington House und 6 Burlington Gardens, W 1 | U-Bahn: Piccadilly Circus | www.royalacademy.org.uk | Sa–Do 10–17.30, Fr 10–21.30 Uhr | Eintritt frei, Ausstellungen 10–15 £

❻ PICCADILLY CIRCUS UND EROS BRUNNEN F3

Er gilt immer noch als »Mittelpunkt des einstigen Britischen Empires« und ist einer der verkehrsreichsten Knotenpunkte Londons. Der **Platz** entstand unter Städteplaner John Nash im Jahre 1819, als er die elegante Regent Street baute. Mittelpunkt des Piccadilly Circus war der 1893 von Alfred Gilbert für den Grafen von Shaftesbury geschaffene **Brunnen** mit der Eros-Statue, die eigentlich den Engel der Nächstenliebe darstellen soll.

Doch der bekannte Brunnen musste 1988 dem Verkehr weichen und wurde 15 m zur Seite gerückt. Die Coca-Cola-
Leuchtreklame erhellt seit 1955 den Piccadilly Circus und gilt
als ältestes ständiges Werbeplakat der Welt.
Piccadilly | W 1 | U-Bahn: Piccadilly Circus

❼ LEICESTER SQUARE G3
Dieser einstige Privatgarten des Grafen von Leicester wurde
1670 bebaut. Hier wohnten über die Jahrzehnte der Physiker
Isaac Newton, der Maler Joshua Reynolds und der Kupfer-
stecher William Hogarth. In der Mitte des Platzes steht ein
etwas bescheidenes **Denkmal** für den größten Repräsentanten
englischer Literatur, William Shakespeare. Der Leicester
Square liegt im Zentrum des **Theaterviertels** West End, von
hier ziehen Nachtschwärmer in die Kinos, Theater, Bars, Clubs
und Restaurants. Im **Odeon** finden regelmäßig große Kinopre-
mieren statt mit Stars aus aller Welt. Am **tkts Kiosk** kann man
ermäßigte Theaterkarten kaufen.
Leicester Square | U-Bahn: Leicester Square

❽ NOTRE DAME DE FRANCE G3
Diese katholische Kirche wurde 1861 für die große französische Gemeinde in Soho errichtet, aber im Zweiten Weltkrieg
fast zerstört. Nach Wiederherstellung in den 1950er-Jahren
malte der Schriftsteller und Maler Jean Cocteau (1889–1963)
ein dreiteiliges Wandgemälde für die Frauenkapelle.
Leicester Square | 5 Leicester Place, WC 2 | U-Bahn: Leicester Square |
www.ndfchurch.org

❾ CHINATOWN G3
Um Gerrard Street und Lisle Street herum fühlt man sich nach
China versetzt. Man erkennt das größte Chinesenviertel Europas an den chinesischen Zeichen auf Straßenschildern, den
roten Straßenlampen und natürlich den rot-goldenen, grün
überdachten Torbögen. Hier herrscht buntes Treiben. Ein chi-
nesisches Restaurant reiht sich an das nächste, Köche brutzeln
in großen Woks Pfannengerichte. Die Einwanderer aus Asien

Chinatown lohnt natürlich zu jeder Jahreszeit eine Stippvisite. Besonders bunt und lebhaft zeigt sich das Straßenbild aber zur Zeit des chinesischen Neujahrs.

siedelten sich erst in den 1950er-Jahren hier an, nachdem sie aus Ost-London vertrieben worden waren. Auch heute noch wohnen und arbeiten hauptsächlich Chinesen in dieser Gegend. Im Januar bzw. Februar wird das chinesische Neujahr mit viel Trubel gefeiert.

Soho | W 1 | U-Bahn: Piccadilly Circus

🔟 PHOTOGRAPHERS' GALLERY F3

Londons größte Galerie der Fotografie. Historische Bilder bekannter Fotografen, aber auch wechselnde Ausstellungen junger vielversprechender Talente ziehen Besucher an. Hier wird jedes Jahr der »Deutsche Börse Photography Foundation Prize« vergeben.

Soho | 16–18 Ramillies Street, W 1 | U-Bahn: Oxford Circus | www.thephotographersgallery.org.uk | Mo–Mi, Fr, Sa 10–18, Do 10–20, So 11–18 Uhr | Eintritt 5 £, nach 17 Uhr frei

👁 IM VORBEIGEHEN ENTDECKT

⓫ CHOLERA PUMP

Als im Jahre 1854 in Soho die Cholera ausbrach, starben innerhalb von zehn Tagen 616 Menschen. Niemand konnte sich erklären, wie die Krankheit sich so schnell verbreitete, bis der Arzt **John Snow** die öffentliche Pumpe in der Broad Street (jetzt Broadwick Street) verdächtigte. Dort holten die Anwohner sich ihr verseuchtes Trinkwasser. John Snow entfernte den Pumpenschwengel, und die Krankheit flaute ab. Heute erinnert eine Pumpe mit Gedenktafel vor dem John Snow Pub an diese wissenschaftliche Entdeckung.

🔟 REGENT STREET F3

Vom Architekten John Nash entworfen und ab 1817 erbaut, war diese herrliche Straße in elegantem Halbbogen als großer **Triumphweg** für den Prinzregenten vom einstigen Carlton House (seinem prachtvollen Palast) zu den Grünflächen des Regent's Park gedacht. Von Nashs ursprünglich errichteten Häusern ist kaum etwas erhalten geblieben, doch das majestätische Halbrund ist noch da – heute ein Einkaufsparadies.

Mayfair | W 1/SW 1 | U-Bahn: Piccadilly Circus

🔟 ST GEORGE'S CHURCH F3

Als dieses Gotteshaus 1724 fertiggestellt wurde, war Komponist Georg Friedrich Händel gerade in die Brook Street gezogen. Als geschätztes Mitglied der Kirchengemeinde fragte man ihn um Rat zu einer passenden Orgel und kompetenten Orgelspielern. Auch heute noch werden Händels Kompositionen gespielt, und jährlich im März findet hier das **London Handel Festival** statt.

Mayfair | St George Street, W 1 | U-Bahn: Oxford Circus | www.stgeorgeshanoversquare.org | Mo, Di, Do, Fr 8.30–16.30, Mi 8.30–18, So 8–12 Uhr

🔟 SOTHEBY'S F3

Die schönsten Schätze und Kunstgegenstände der Welt werden in diesem seit 1744 bestehendem **Auktionshaus** versteigert. In 2012 erzielte »Abstraktes Bild« von Gerhard Richter mit 34 Mio. Dollar den höchsten Preis für das Werk eines noch lebenden Künstlers. Ein Geheimtipp ist das einladende Café, das von Montag bis Freitag (9–17 Uhr) geöffnet ist.

Mayfair | 34–35 New Bond Street, W 1 | U-Bahn: Oxford Circus | Tel. 0 20/72 93 50 00 | www.sothebys.com

⑮ HANDEL & HENDRIX IN LONDON F3

Das Wohnhaus des größten deutschen Barockmusikers neben Johann Sebastian Bach dient heute als **Museum**. Georg Friedrich Händel (1685–1759) lebte in Mayfair von 1723 bis zu seinem Tod und komponierte hier einige seiner wichtigsten Werke. Gitarrist Jimi Hendrix (1942–1970) fühlte sich in den Jahren 1968/69 in einer kleinen Wohnung nebenan zum ersten Mal zu Hause.

Mayfair | 23–25 Brook Street, W 1 | U-Bahn: Bond Street | www.handelhendrix.org | Mo-Sa 11–17 Uhr | Eintritt 10 £

⑯ GROSVENOR SQUARE E3

Der zwischen 1721 und 1731 angelegte **Platz** im eleganten Stadtteil Mayfair gehört zum Grundbesitz der Familie des Herzogs von Westminster und gilt als eine der besten Adressen Londons. Schriftsteller Oscar Wilde lebte hier von 1883 bis 1884. Die amerikanische Botschaft beherrschte jahrelang den Platz, bis sie im Frühjahr 2017 in ein supermodernes Gebäude in Battersea, südlich der Themse, zog. Ein Luxushotel wird stattdessen ihren Platz am Grosvenor Square einnehmen. Geblieben sind die **Statuen** der US-Präsidenten Franklin D. Roosevelt, Dwight D. Eisenhower und Ronald Reagan. In der hübschen **Gartenanlage** in der Mitte des Squares erinnert ein **Denkmal** an die 67 britischen Opfer des »9/11«-Terroranschlags von 2001 in New York.

Mayfair | Grosvenor Square, W 1 | U-Bahn: Bond Street

⑰ OXFORD STREET E/F3

2,5 km lang ist diese **Einkaufsmeile**, von Marble Arch bis zur Tottenham Court Road, die gleichzeitig die nördliche Grenze von Mayfair und Soho bildet. Hier reihen sich mindestens 300 Geschäfte aneinander, die über ein unvergleichliches Warenangebot verfügen. Die Römer bauten diese gerade Straße, über die später zum Tod durch Erhängen verurteilte Verbrecher vom Newgate Gefängnis bis zum Tyburn Galgen am Marble Arch gekarrt wurden. Heute schieben sich hier Busse und Taxis entlang, und auf den Bürgersteigen drängeln sich die

Blick auf die belebte Einkaufsmeile Oxford Street, wo rund um die Uhr das Leben und der Verkehr pulsieren. Pläne sehen vor, sie zur Fußgängerzone auszubauen.

Menschenmassen. Von Osten nach Westen wird die Einkaufsstraße angenehmer. Die neue »Elizabeth Line«-U-Bahn unter der Oxford Street wird voraussichtlich 2021 eröffnet, mit völlig neu gestaltetem Tottenham Court Road Bahnhof.

Mo–Fr zwischen 9.30 und 10 Uhr, wenn die Geschäfte gerade geöffnet haben, ist es hier angenehm ruhig.

Mayfair/Soho | U-Bahn: Marble Arch/Oxford Circus

18 MARBLE ARCH E3

Verkehrsknotenpunkt am Eingang zur Oxford Street, wo Park Lane und Bayswater Road zusammenlaufen. Das schöne Tor aus weißem Carrara-Marmor wurde 1828 von John Nash nach dem Vorbild des Konstantinsbogens in Rom geschaffen und sollte den Eingang zum Buckingham Palace schmücken. Laut einer Anekdote war der **Triumphbogen** für die Staatskarossen zu klein, und Königin Victoria verdammte das Werk an den heutigen Platz, der von 1388 bis 1793 als Hinrichtungsstätte (Tyburn Galgen) traurigen Ruhm erlangte. Eine Gedenktafel erinnert an diese schaurigen Zeiten. Zu damaligen Zeiten durften nur Mitglieder des britischen Königshauses den Bogen passieren, heute steht er allen offen.

Mayfair/Soho | U-Bahn: Marble Arch

Das letzte Notenblatt des »Messias« in der Handschrift des Meisters. Georg Friedrich Händel komponierte das weltberühmte Oratorium im Sommer 1741 in London.

LONDON UND GEORG FRIEDRICH HÄNDEL

Die göttliche Musik des Barockkomponisten

»Händel ist der größte Komponist, der je gelebt hat. Ich würde mein Haupt entblößen und an seinem Grabe niederknien«, sagte kein Geringerer als Ludwig van Beethoven. Und etwas übertrieben könnte man formulieren: London ohne Händel ist wie London ohne Themse. Wie hat dieser aus Halle an der Saale stammende Komponist des Barock das Musikleben Englands geprägt. Und wie haben ihn das Land und London fasziniert.

Im selben Jahr wie Johann Sebastian Bach geboren (1685), hat er Zeit seines Lebens das Göttliche in der Musik zum Ausdruck bringen wollen, und doch fand neben Erhabenem so viel Heiteres Eingang in seine Partituren, die eilend – und mit leichter Hand gesetzt – Haydn, Gluck und Beethoven zu Bewunderern machten. Die Menge ist es nicht, was diesen Ausnahmekünstler ausmacht, dennoch sei angemerkt, dass Händel so viel komponierte wie Bach und Beethoven zusammen. Strahlend und prächtig, leise und nachdenklich erlebt man seine 42 Opern und 25 Oratorien, die er oft in enorm kurzer Zeit aufs Notenpapier zauberte.

Nachdem Händel 1710 der Weg nach London geführt hatte, konnte er mit der Oper »Rinaldo« im Königlichen Theater in Haymarket seinen ersten großen Erfolg verbuchen. Er entschloss sich zu bleiben und nahm Abschied von seinem Dienstherrn Kurfürst Georg Ludwig von Braunschweig-Lüneburg am Hannoverschen Hof. Als dieser 1714 König Georg l. von England wurde, machte er Händel zum **Hofkomponisten**. Für ihn komponierte der Meister die bekannte »Wassermusik«, die 1717 auf einem Themsefest zum ersten Mal ertönte. 1723 bezog der Komponist ein schlichtes Backsteinhaus in Mayfair, 25 Brook Street, das heutige **Handel House Museum**, und bis zu seinem Tod 1759 sein Domizil. Seit 2001 ist es ein Museum. Steigt man die Treppen zu den zwei Etagen empor, die der Meister bewohnte, wird man zurückversetzt in die historische Händelzeit: das Schlafzimmer mit rotem Himmelbett, der Dining Room, in dem der Komponist mit Sängern und Musikern probte und private Konzerte gab. Ein zweimanualiges Cembalo steht da, Noten scheinen aufs Umblättern zu warten. Zeitvergessene Atmosphäre ...

Noch heute gehört Händels »Messias« zu den bekanntesten Musikstücken überhaupt, und für den schallenden »Hallelujah Chorus« erhebt sich, wie einst König George II., das Publikum.

Wieder auf der Straße angelangt, wendet man den Blick nach links zum weiß verputzten Hausnachbarn und erstarrt? Eine **Gedenktafel**, diesmal für einen Musiker, der mit seiner Gitarre und dem, was er ihr an Unglaublichem entlockte, zur Avantgarde des 20. Jahrhunderts gehörte: Jimi Hendrix (1942–1970) wohnte vom Juli 1968 bis März 1969 in **23 Brook Street**. Er beschrieb die Wohnung als sein »erstes eigenes Zuhause«. Welche Hausgemeinschaft zweier ganz Großer der jeweiligen »Musikszene« ihrer Zeit!

Trotz langsamer Erblindung komponierte Händel bis an sein Lebensende, doch er war nicht nur ein Meister der Barockmusik, sondern auch ein erfolgreicher Geschäftsmann, der ein Millionenvermögen hinterließ, als er mit 74 Jahren starb und in der Westminster Abbey beigesetzt wurde.

Schlicht und schnörkellos: Das chinesische Restaurant Yauatcha beeindruckt lieber mit seinen Gerichten. Nichts soll den Gast vom Geschmackserlebnis ablenken.

Essen und Trinken

① *Genuss für alle Sinne*
MOMO F3
Die Mischung nordafrikanischer Rezepte mit englisch-französischem Einfluss macht seit vielen Jahren Momos Erfolg aus. In dem pulsierenden orientalischen Ambiente fühlt man sich nach Marrakesch versetzt und vergisst den Londoner Alltag.
Mayfair | 25 Heddon Street, W 1 | U-Bahn: Piccadilly Circus | Tel. 0 20/74 34 40 40 | www.momoresto.com | Mo–So 12–24 Uhr | €€€€

② *Viktorianisches Flair*
BENTLEY'S OYSTER BAR & GRILL F3
Der mit zwei Michelinsternen prämierte Koch Richard Corrigan hat das Austern-Restaurant, das hier seit 1916 besteht, neu aufleben lassen. Exzellente Fisch- und Fleischgerichte.
Mayfair | 11–15 Swallow Street, W 1 | U-Bahn: Piccadilly Circus | Tel. 0 20/77 34 47 56 | www.bentleys.org | Mo–Sa 11.30–23, So 11.30–22 Uhr | €€€

③ *Von Weide und Meer*
HAWKSMOOR AIR STREET F3
Ein in jeder Hinsicht ausgezeichnetes Steak- und Fischrestaurant. Umweltverträgliche britische Zutaten haben ihm schon mehrere Preise eingebracht. Wunderschöne Art-déco-Umgebung.
Mayfair | 5a Air Street, W 1 | U-Bahn: Piccadilly Circus | Tel. 0 20/74 06 39 80 | www.thehawksmoor.com/airstreet |

Mo–Do 12–23, Fr–Sa 12–24,
So 12–22 Uhr | €€€€

④ *Das Herz berühren*
YAUATCHA F3
Dim Sum bedeutet im Chinesischen »Leckerbissen, die das Herz berühren«. Das moderne Taipai Teehaus war das erste in London, das die in Bambuskörbchen gedämpften Häppchen den ganzen Tag servierte. Gefüllte Teigtaschen in den verschiedensten Formen und Variationen.

Soho | 15–17 Broadwick Street, W 1 | U-Bahn: Piccadilly Circus | Tel. 0 20/74 94 88 88 | www.yauatcha.com | Mo–Sa 12–23, So bis 22 Uhr | €€€

Einkaufen

⑤ *Einkaufstempel*
SELFRIDGES E3
Seit seiner Gründung 1909 hat sich dieses Geschäft zu einem riesigen Kaufhaus entwickelt, das sich der größten Jeans-Abteilung der Welt rühmen kann. Hier kauft Prinz William Schmuck für seine Frau. 2019 kamen ein Kino und eine Kellerbar dazu.

West End | 400 Oxford Street, W 1 | U-Bahn: Bond Street | www.selfridges.com | tgl. 9.30–22 Uhr

⑥ *Kitsch und Trödel*
GRAYS ANTIQUE MARKET E3
200 Händler bieten in zwei großen viktorianischen Gebäuden ihre Ware an, die von Waffen über alte Gobelins, Lederkoffer, Porzellan bis hin zu Schmuck und allerlei Trödel reicht.

Mayfair | 58 Davies Street und 1–7 Davies Mews, W 1 | U-Bahn: Bond Street 4 | www.graysantiques.com | Mo–Fr 10–18, Sa 11–17 Uhr

⑦ *Zeitlose Einkaufs-freuden*
LIBERTY F3
1875 eröffnete Arthur L. Liberty sein Geschäft in der Regent Street mit herrlichen orientalischen Seidenschals. Designer wie Rosetti und William Morris schufen später Stoffe, die noch heute als Liberty Prints einmalig sind und Krawatten, Schirme, Handtaschen und anderes schmücken. Neuerdings bietet das Kaufhaus eigene Duftnoten, eine große Kosmetik- sowie Geschirr-, Schmuck und Lederabteilung.

Soho | Great Marlborough/Regent Street, W 1 | U-Bahn: Oxford Circus | www.liberty.co.uk | Mo–Sa 10–21, So 12–18 Uhr

⑧ Noch immer ein Anziehungspunkt
CARNABY STREET F3

Die schickste Einkaufsmeile des »Swinging London« ist nicht mehr ganz das, was sie einmal war. Die ungewöhnlichen, individuellen Geschäfte der 1960er-Jahre sind zwar verschwunden, aber die Carnaby wartet immer noch mit interessanten und ungewöhnlichen Läden auf. Auch in der Newburgh Street und im dreistöckigen Kingly Court um die Ecke lässt es sich gut shoppen.

Soho | Carnaby Street, W 1 | U-Bahn: Oxford Circus | www.carnaby.co.uk | Mo–Sa 10–19, So 12–18 Uhr

⑨ Maßgeschneidertes für Gentlemen
GIEVES & HAWKES F3

Kleidung für Gentlemen seit 1771. Einer der ältesten Maßschneider der Welt, der auch Parade-Uniformen anfertigt. Prinz Charles lässt hier seine Anzüge schneidern. Geboten wird beste Qualität, die allerdings ihren Preis hat.

Mayfair | 1 Savile Row, W 1 | U-Bahn: Piccadilly Circus | www.gievesandhawkes.com | Mo–Fr 10–19, Sa 10–18, So 12–17 Uhr

⑩ Urenglische Marke
BURBERRY REGENT STREET F3

Im neuen Geschäft dieser traditionellen Modemarke finden sich Trenchcoats in bester Qualität und das berühmte Karomuster auf Schals, Handtaschen und Mantelfutter. Das Ganze wird audiovisuell, hypermodern auf rund 100 Bildschirmen und 500 Lautsprechern dargeboten. Sogar regelmäßige Gigs auf der Hydraulikbühne gehören zum Programm.

Mayfair | 121 Regent Street, W 1 | U-Bahn: Piccadilly Circus | uk.burberry.com | Mo–Sa 10–21, So 11.30–18 Uhr

⑪ Ein Muss für Leseratten
FOYLES G3

Auf fünf Stockwerken kann in 200 000 Büchern gestöbert werden, und man trifft bekannte Autoren bei Lesungen. Vier Meilen messen die Bücherborde, die in 56 Fachthemen eingeteilt sind, und auch antiquarische Titel sind zu finden. Im neuen Café lässt es sich nach dem Einkauf gut entspannen.

Soho | 107–109 Charing Cross Road, WC 2 | U-Bahn: Tottenham

John Harrison, Creative Director des Herrenausstatters Gieves & Hawkes, bei der Präsentation seiner Herbst-/Winterkollektion.

Court Road | www.foyles.co.uk | Mo–Sa 9.30–21, So 12–18 Uhr

Abendgestaltung

⑫ *Stardust Cocktails* ZIGGY'S F3

Das Café Royal Hotel war früher beliebter Treffpunkt von Prominenten und Stars. Oscar Wilde, Elizabeth Taylor und David Bowie stiegen hier ab. Bowie feierte 1973 hier seinen Abschied von »Ziggy Stardust«, deshalb hat man dem Sänger eine Bar gewidmet, deren Cocktails an die Songs der schillernden Rock-Ikone erinnern.

Piccadilly | 68 Regent Street, W 1 | U-Bahn: Piccadilly Circus | Tel. 0 20/74 06 33 10 | www. laurentatcaferoyal.com/ziggys | Di–Sa 17–1 Uhr

⑬ *Kein Alkoholverbot* BAR AMÉRICAIN IN DER BRASSERIE ZÉDEL F3

Diese klassische amerikanische Cocktailbar erinnert an die Prohibitionszeit der 1930er-Jahre, doch keine Sorge, diese Zeiten sind längst vorbei, heute gibt es genug zu trinken. Dazu werden Snacks gereicht. Wer Appetit auf mehr hat, kann in der französischen **Brasserie Zédel** gut essen und sich anschließend Kabarett oder Livemusik im **The Crazy Coqs** widmen. Eine gute Kombination!

Soho | 20 Sherwood Street, W 1 | U-Bahn: Piccadilly Circus | Tel. 0 20/77 34 48 88 | www. brasseriezedel.com | Mo–Mi 16–24, Do, Fr 16–1, Sa 13–1, So 16–23 Uhr

Luxus, Design und spektakuläre Architektur

Rainy day in London? Überhaupt kein Problem, wenn man in der Great Marlborough Street vor der pittoresken Fassade des schwarz-weißen Fachwerkhauses steht, mehr oder weniger erstaunt über so viel Tudor-Style, dann zögernd (oder voller Elan) eines der schönsten und edelsten Kaufhäuser der Welt betritt: Hier residiert der **Liberty Department Store**.

Es spielt auch keine Rolle, wenn man erfährt, dass dieses Tudor-Haus erst in den 1920er-Jahren entstanden ist. Draußen schwarz-weiß – mit Giebeln, Erkern und Türmen –, bestimmt Holz in warmen Tönen das Innere. Knarrende Treppen, wohin sie wohl führen? Sanft fällt das Licht durch bleiverglaste Fenster, und in der großen Halle mit den umlaufenden Galerien in jeder Etage kommt beinahe Ehrfurcht auf.

Wer beim Namen »Liberty« zuerst an die berühmten Stoffdrucke mit zarten kleinen Blüten, Pfingstrosen oder Pfauenfedern auf Seide oder feinster Tana-Lawn-Baumwolle denkt, liegt natürlich richtig. **Sir Arthur Lasenby Liberty**, der sein erfolgreiches Unternehmen 1875 gründete, startete mit importierter Mylore-Seide aus Indien, die er im traditionellen Holzblock-Stil bedruckte.

Seine Devise: »Ich war entschlossen, nicht den gängigen Modestilen zu folgen, sondern neue zu kreieren.« So setzte er Maßstäbe, die weit über Englands Grenzen hinausreichten: In Italien wurde der von ihm beeinflusste Stil des Art Nouveau **Liberty Style** genannt.

Sein kleiner Laden in der **Regent Street** florierte, und Sir Arthur träumte davon, ein Schiff – beladen mit dem Luxus des Orients – auf der Themse in London anlegen zu lassen. Es legte tatsächlich an, als »Haus der Kostbarkeiten«, konstruiert aus den 100-jährigen Eichenbalken zweier Schiffe, der »HMS Impregnable« und der »HMS Hindustan«. Kein Wunder, dass das Innere des denkmalgeschützten Geschäfts heute wie ein altes

Ein Tempel des guten Geschmacks. Auch die im majestätischen Tudor-Revival-Stil errichtete Fassade des Liberty Department Store ist ein Hingucker.

Segelschiff anmutet. Doch der Kunde sollte sich dort auch wie zu Hause fühlen, und so wurden die kleinen Verkaufsecken behaglich ausgestattet, sogar mit Kamin.

Leider erlebte Sir Arthur die Verwirklichung seines Traums nicht mehr. Er starb 1917, sieben Jahre vor Vollendung des Baus, der zu einem Wahrzeichen der schicken Regent-Street-Shoppingmeile geworden ist. Bestimmt wäre er davon angetan, würde er heute einen Blick auf die Kollektionen unterschiedlichsten Genres werfen, die weiterhin für höchste Qualität bürgen. Berühmte Namen wie William Morris oder Gabriel Rosetti stehen für Design-Evergreens in Stoff, die es nach wie vor in großer Vielfalt zu kaufen gibt.

Das betriebseigene **Design-Studio entwirft** weiterhin handgemalte Farbdrucke, heute in Zusammenarbeit mit Stardesignern wie Manolo Blahnik oder Marc Jacobs und bekannten Marken wie Hermès und sogar Microsoft. Oder es greift auf das umfangreiche 45 000 Muster starke Archiv zurück. Alle nur erdenklichen Artikel lassen sich durch Liberty-Drucke verschönern: von Schals über Schlafanzüge bis zu Schirmen, von Handtaschen über Teedosen bis zu Handyhüllen.

Sir Arthurs Büste begrüßt die Kunden aufs Freundlichste im zauberhaften Blumenladen des Hauses.

WESTMINSTER UND ST JAMES'S

*Das Regierungsviertel West-
minster steht für Macht und
Politik, zu viktorianischen Zei-
ten stand es gar für Weltpolitik.
Londons vermutlich ältester
Stadtteil St James's wurde ab
1660 als Residenz für adlige
Familien errichtet.*

Zentral durch Westminster führt die Whitehall zum Parlament (Houses of Parliament). An der Nordseite dieses »Kernstücks« britischer Geschichte liegt der 1820 von John Nash geplante **Trafalgar Square**, ein Symbol britischer Seemacht, was durch die 51 m hohe Säule für Englands »Sea Lord« Lord Nelson verdeutlicht wird.

*Am Reiterstandbild
markiert eine Plakette den
Punkt, von dem aus alle
Entfernungen nach London
berechnet werden.*

Die im Jahre 1824 errichtete National Gallery steht im Norden des Platzes, östlich davon die 1724 erbaute Kirche St Martin-in-the-Fields. Sie wurde von ausgewanderten Briten wehmütig »Pfarrkiche des Empires« genannt.

Den Anfang von Whitehall bildet das **Reiterstandbild** Charles' I. Westlich steht der imposante **Admiralty Arch** am Anfang der Mall, der Prachtstraße, die zum Buckingham Palace führt.

In der breiten Straße **Whitehall**, wo die Ministerien der britischen Regierung angesiedelt sind, befinden sich auch die Horse Guards. Die Gebäude, 1753 von William Kent erbaut, unterteilen sich in Kaserne und Truppenübungsplatz. Seit 1661 besteht die Household Cavalry, die Elitetruppe der Monarchen, die hier täglich in ihren scharlachroten Uniformen

Die Londoner lieben ihre Parks und verbringen gern ihre Freizeit im Grünen. Man flaniert, relaxt, macht ein Nickerchen oder widmet sich der Zeitungslektüre.

hoch zu Ross Wache steht. Architekt Inigo Jones ließ sich von dem italienischen Architekten Andrea Palladio inspirieren und errichtete 1622 das **Banqueting House**. Der Regierungssitz der britischen Premierminister, **Downing Street No. 10**, kann durch hohe Eisengitter erspäht werden. Hier steht auf gleicher Höhe das Cenotaph, jenes Heldendenkmal, an dem jedes Jahr im November der Kriegsgefallenen gedacht wird.

Um den Parliament Square, gegenüber von Big Ben und den **Houses of Parliament**, gruppieren sich Statuen bekannter Staatsmänner, wie die wuchtige Bronzestatue von Winston Churchill. Dahinter fällt der Blick auf die **Westminster Abbey**, die Krönungskirche der englischen Könige.

Durch den schönen **St James's Park** erreicht man den Buckingham Palace oder kann von der Mall aus durch die Stable Yard Road Clarence House erspähen. Die Marlborough Road führt zum **St James's Palace**.

St James's gilt als einer der ältesten und vornehmsten Stadtteile Londons, der ab dem Jahre 1660 für adlige und aristokratische Familien entstand. In der Pall Mall gründeten die reichen Gentlemen ihre exklusiven Privatclubs und kauften in der herrlichen Jermyn Street ein. Hier ist die Zeit fast stehen geblieben, und viele der alteingesessenen Läden bestehen noch heute, wie Herrenausstatter Turnbull & Asser und Schuhgeschäft John Lobb.

SEHENSWERTES

1 National Gallery 🚩

2 Trafalgar Square ⭐

3 Imperial Measures 🔴

4 National Portrait Gallery

5 St Martin-in-the-Fields

6 Admirality Arch

7 Horse Guards Parade

8 Banqueting House

9 Parliament Square

10 Sightseeing auf der Themse 🚩

11 Houses of Parliament (Palace of Westminster) und Big Ben ⭐

12 Victoria Tower Gardens

13 St Margaret's Church

14 Westminster Abbey ⭐

15 Westminster Cathedrale

16 Buckingham Palace ⭐

17 St James's Park

18 The Mall

19 Clarence House

20 St James's Church

ESSEN UND TRINKEN

1 National Dining Rooms

2 The Cinnamon Club

3 The Wolseley

4 Cellarium Cafe & Terrace

5 The Ritz

EINKAUFEN

6 Berry Bros. & Rudd

7 Lock & Co

8 Paxton and Whitfield

9 Fortnum & Mason

10 Alfred Dunhill

ABENDGESTALTUNG

11 Gordon's Winebar

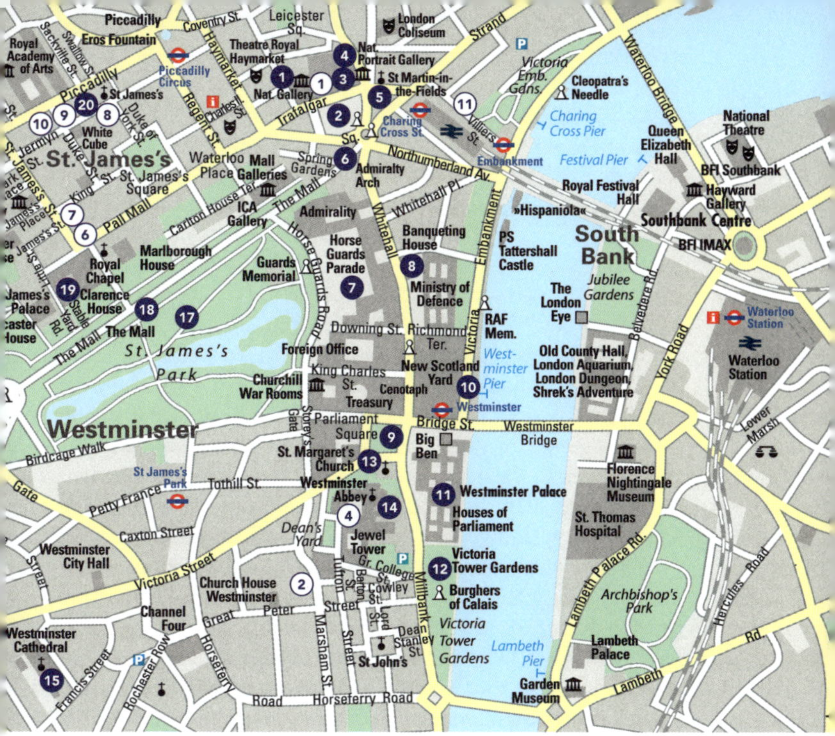

Sehenswertes

① NATIONAL GALLERY E4

Mit 2300 Objekten zählt sie zu den großen Gemäldegalerien der Welt. Sie wurde 1824 gegründet, das heutige Gebäude 1838 von Architekt William Wilkins gebaut und 1991 durch den Sainsbury Wing erweitert. Unter ihrem Dach beherbergt sie britische Malerei aus verschiedenen Epochen, aber auch alte Meister aus der flämischen, holländischen, spanischen und italienischen Schule. Leonardo da Vinci, Botticelli und Tizian sind ebenso vertreten wie Rubens, Rembrandt und Anthonis van Dyck. Vom National Dining Rooms Restaurant genießt man einen schönen Blick auf den Trafalgar Square.

Trafalgar Square, WC 2 | U-Bahn: Charing Cross | www.nationalgallery. org.uk | Mo–Do, Sa, So 10–18, Fr 10–21 Uhr | Eintritt frei

Königlich in jeder Hinsicht!

Was an London immer wieder fasziniert, ist die royale historische Aura der Themse-Metropole, in der sich piekfein, nobel und exklusiv das geschichtsträchtige Viertel St James's präsentiert. Diese einstige Parklandschaft wurde im 17. Jahrhundert von Henry Jermyn, dem ersten Grafen von St Albans, mit Genehmigung von König Charles II. bebaut. Wegen der Nähe zum St James's Palast, dem bis heute offiziellen Amtssitz des britischen Monarchen, errichtete Jermyn um den St James's Square herum großzügige Stadthäuser für den britischen Adel.

Den ehrwürdigen roten Backstein-Bau des **St James's Palace** ließ König Henry VIII. um 1530 herum nach Plänen von Hans Holbein als Zweitresidenz errichten, doch nach dem Brand des Whitehall Palasts (1698) zogen die Monarchen hierher, bis Königin Victoria 1837 den **Buckingham Palace** zur offiziellen Residenz erklärte. Noch heute werden Botschafter am »Hof von St James's« akkreditiert, und der Palast wird für Empfänge genutzt. Die Prinzessinnen Anne, Beatrice und Alexandra haben hier ihren Londoner Wohnsitz. Gleich daneben liegt **Clarence House**, das Domizil von Prinz Charles und Ehefrau Camilla. Auch die Spencers, Familie von Prinzessin Diana, besitzen in St James's eine Residenz, das **Spencer House**.

Durch den kleinen Stadtteil mit seiner extravaganten Architektur streifend, stößt man auf die Namen alteingesessener Hoflieferanten, die den Königshof seit Jahrhunderten beliefern. Nirgendwo gibt es noch heute solch altehrwürdige noble Geschäfte, Schneider-Ateliers, Tabak- und Weinhändler wie in St James's, allesamt mit dem hochbegehrten »Royal Warrant«-Gütesiegel ausgezeichnet.

So kommt man zum Beispiel vom Palast in der St James's Street zunächst an der düster wirkenden Holzfassade von Berry Bros. & Rudd vorbei, dem ältesten **Weinhändler** Englands (seit 1698). Gleich darauf, in einem viel bescheideneren Gebäude, folgt der **Hutmacher** Lock & Co. Seit 1676 fertigt

Royaler Aufmarsch: Die königliche Palastwache, hier im St James's Park vor dem Buckingham Palast, kommt auch bei offiziellen Staatsbesuchen zum Einsatz.

man hier seidengefütterte Kopfbedeckungen für das Königshaus an. Lord Nelson, Winston Churchill und Charlie Chaplin gehörten ebenfalls zur erlauchten Kundschaft. Doch auch die jungen Royals wie Catherine, Herzogin von Cambridge, lassen hier entwerfen und anfertigen.

Spricht man einen Gentleman im perfekten maßgeschneiderten Anzug an, weist er einem sicher den Weg in Richtung Jermyn Street. Hier lässt Prinz Charles bei Turnbull & Asser seine **Hemden** schneidern und bei John Lobb seine **Lederschuhe** anfertigen.

St James's guter Geschmack aber geht weit über feinste Bekleidung hinaus. Berühmte Zigarrenmanufakturen, wie z. B. Alfred Dunhill, stellen her, was Liebhaber edler Tabake nicht glücklicher machen könnte. Verführerische Düfte hingegen findet man in der alten Parfümerie Floris von 1797.

Die marmorgefliesste glanzvolle Einkaufsgalerie **Piccadilly Arcade**, vor der eine Statue von Dandy Beau Brummel Wache steht, führt an exklusiven kleinen Geschäften vorbei zum 1707 gegründeten Edelkaufhaus **Fortnum & Mason**. Auch hier lässt sich der historische Geist dieser edlen Gegend atmen, während man beim obligatorischen Afternoon-Tea im Diamond Jubilee Tea Salon eine Verweilpause einlegt.

MERIAN TOP 10

❷ TRAFALGAR SQUARE G3

Einst standen hier Stallungen für königliche Pferde und Kutschen, bis dieser große öffentliche Platz im Jahre 1844 angelegt wurde. In der Mitte befindet sich die 51 m hohe korinthische **Nelsonsäule** zum Gedenken an die Schlacht von Trafalgar (1805). Die vier Bronzelöwen des Bildhauers Sir Edwin Landseer kamen 1867 dazu. Heute ist der Platz ein kultureller und politischer Treffpunkt, auf dem die Feiern zum Nationalfeiertag, Konzerte und Demonstrationen stattfinden. Auf dem vierten leeren Denkmalsockel in der Nordwestecke werden wechselnde zeitgenössische Kunstwerke ausgestellt.
WC 2 | U-Bahn: Charing Cross

IM VORBEIGEHEN ENTDECKT

❸ IMPERIAL MEASURES

Wer sich auf den Stufen des Trafalgar Square sonnt, wird eine Reihe von Bronzetafeln entdecken, die an der Nordseite in den Stein eingelassen sind. Dies sind Standard-Längenmaße im alten englischen Maßsystem, das im Jahre 1215 in der Magna Carta festgelegt wurde. Wer also prüfen möchte wie lang ein Zoll, ein Fuß oder ein Yard ist, kann das am Trafalgar Square messen.

❹ NATIONAL PORTRAIT GALLERY G3

In dieser Galerie liegt der Schwerpunkt nicht beim Künstler, sondern beim Dargestellten. Hier hängen Porträts der wichtigsten Persönlichkeiten der britischen Geschichte (neben Königen auch Wissenschaftler, Dichter, Maler, Politiker, Sportler und Musiker). Seit 1895 in dem heutigen Bau. Den Mitgliedern der britischen Monarchie wird viel Bedeutung eingeräumt: Neuzugang ist ein Gemälde von Catherine, der Herzogin von Cambridge. Vom Portrait Restaurant im dritten Stock reicht der Blick bis Big Ben und zum London Eye.
Trafalgar Square | 2 St Martin's Place, WC 2 | U-Bahn: Leicester Square | www.npg.org.uk | wegen Renovierung bis Frühjahr 2023 geschl.

⑤ ST MARTIN-IN-THE-FIELDS G3

Der Ursprung der Pfarrkirche geht auf das Jahr 1222 zurück, doch das heutige Gebäude wurde 1726 von Architekt James Gibbs gebaut. Die Popularität dieser Kirche rührt nicht nur von den atmosphärischen Mittagskonzerten und Musikabenden bei Kerzenlicht her, sondern auch von der exzellenten Cafeteria in der urigen Krypta.

Trafalgar Square | WC 2 | U-Bahn: Charing Cross | Tel. 0 20/77 66 11 00 | www.stmartin-in-the-fields.org | Lunchtime-Konzerte Mo, Di, Fr 13–14 Uhr | Spenden erwünscht | Cafe in the Crypt: Mo–Di 10–20, Mi 10–22.30, Do–Sa 10–21, So 11–18 Uhr | €

⑥ ADMIRALTY ARCH G4

Der Triumphbogen wurde 1910 von Sir Aston Webb zum Gedenken an Königin Victoria erbaut. Durch den breiten Mittelbogen mit dem schmiedeeisernen Gitter dürfen nur die Queen und Monarchen auf Staatsbesuch fahren. Die ehemaligen Büros des Marineamts werden in ein einmaliges Luxushotel umgewandelt, das ca. 2022 eröffnet werden soll.

St James's | The Mall, SW 1 | U-Bahn: Charing Cross

⑦ HORSE GUARDS PARADE G4

Die edlen Pferde der Household Cavalry mit ihren Reitern harren hier stundenlang in den Wachhäuschen aus. Das Gebäude stammt aus dem 18. Jh. Dahinter liegt der riesige Paradeplatz, auf dem alljährlich im Juni »**Trooping the Colour**« stattfindet, die offizielle Geburtstagsparade der Queen. Im **Household Cavalry Museum** kann man die schönen Uniformen bewundern und die prachtvollen Pferde in den Stallungen sehen.

Westminster | Whitehall, SW 1 | U-Bahn: Charing Cross | Wachwechsel Mo–Sa 11, So 10 Uhr | www.householdcavalrymuseum.co.uk | April–Okt 10–18, Nov.–März 10–17 Uhr | Eintritt 8,50 £

⑧ BANQUETING HOUSE G4

Das einzige Überbleibsel des früheren königlichen Palasts von Whitehall, 1530 bis 1698 Londoner Wohnsitz englischer Könige, bis ein Feuer ihn zerstörte. Mit dem 1622 vollendeten Bau von Inigo Jones fasste der Stil der italienischen Renaissance in England Fuß. Sehenswert ist die prachtvolle Deckenmalerei von Peter Paul Rubens in der **Halle**, durch die Charles I. am 30. Januar 1649 zu seiner Hinrichtung schritt.

Westminster | Whitehall, SW 1 | U-Bahn: Westminster |
Tel. 0 20/31 66 61 54 | www.hrp.org.uk | Mo–So 10–17 Uhr | Eintritt 7 £

❾ PARLIAMENT SQUARE G4

Dieser Platz gegenüber den Houses of Parliament wurde 1868 angelegt, um den Verkehr zu regeln; hier wurden die ersten Londoner Ampeln aufgestellt. Denkmäler großer Staatsmänner reihen sich um den von Charles Barry entworfenen Platz. Beachtenswert ist auch die schöne Relieffassade der **Middlesex Guildhall**, 1913 im neugotischen Stil erbaut. Hier tagt der Supreme Court.

Westminster | U-Bahn: Westminster

🚩 MERIAN EMPFEHLUNG

❿ SIGHTSEEING AUF DER THEMSE G4

London von der Themse her sehen: Am Tower vorbei und unter der unverkennbaren **Tower Bridge** hindurch, Richtung **Greenwich** und weiter, das gehört – laut Statistik – zu den beliebtesten Attraktionen für London-Besucher aus aller Welt. Und es spricht auch vieles für »Sightseeing per Schiff«: Man kann sich dabei völlig entspannen.

Von der Westminster Pier geht es entweder Richtung Greenwich und zu den Isles of Dogs, wo Henry VIII. seine Hunde hielt, oder gen Westen nach Richmond und dem Tudorschloss **Hampton Court**. Losgelöst von der Hektik des Straßenverkehrs kann man die am Schiff vorbeiziehende Landschaft bewundern, die Ufer gesäumt von alten River-Pubs, eleganten Villen und historischen Gebäuden.

Westminster–Greenwich: www.citycruises.com | Westminster–Thames Barrier: www.thamesriverservices.co.uk | Westminster–O2: www.thamesclippers.com | Westminster–Hampton Court: www.thamesriverboats.co.uk | Tickets ab 10,75 £

MERIAN TOP 10

⓫ HOUSES OF PARLIAMENT (PALACE OF WESTMINSTER) UND BIG BEN G4

Die Ursprünge des Palastes gehen auf das Jahr 1000 und König William I. zurück. In der Westminster Hall berief der König seine Lords, Ritter und Edelmänner zur Beratung (House of Lords). Als auch die Sprecher der Bezirke und Städte ihre Stimme erhoben (ca. 1332), entstand das **House of Commons**. Unter Henry VIII. wurde Westminster zum Parlament. Nach einem Brand im Jahre 1834, den nur die Westminster Hall überstand, erbaute Sir Charles Barry (1795–1860) das heutige Gebäude mit seinen 1100 Räumen und 100 Treppen. Der 96 m hohe **Clock Tower** mit der riesigen Glocke **Big Ben** wurde zum diamantenen Thronjubiläum der Queen im Jahre 2012 »**Elizabeth Tower**« getauft. Umfangreiche Sanierungsarbeiten bedeuten das Teile des prachtvollen Gebäudes für die nächsten Jahre von Baugerüst umgeben sind.

Westminster | Parliament Square, SW 1 | U-Bahn: Westminster | www.parliament.uk | Besichtigung mit oder ohne Führung: Tel. 0 20/72 19 41 14 | Sa 9–16.30 Uhr | 19,50–26,50 £ | Sitzungen können von der Besuchergalerie verfolgt werden, wenn das Unter- und Oberhaus tagt | Eintritt frei

⓬ VICTORIA TOWER GARDENS G5

Südlich der Houses of Parliament, an der Themse, erstreckt sich dieser hübsche **Park**. Sehenswert: eine Nachbildung der Rodin-Skulptur »Die Bürger von Calais«. Etwas weiter die Millbank entlang gelangt man zur **Tate Britain**.

Westminster | Millbank, SW 1 | U-Bahn: Westminster

⓭ ST MARGARET'S CHURCH G4

Im Schatten der gewaltigen Westminster Abbey steht diese kleine, 1523 fertiggestellte Gemeindekirche. Viele bekannte Persönlichkeiten, u. a. Sir Winston Churchill, heirateten hier. Ein Blickfang sind die Fenster mit flämischer Glasmalerei.

Westminster | St Margaret Street, SW 1 | U-Bahn: Westminster | Mo–Fr 9.30–15.30, Sa 9.30–13.30, So 14.30–16.30 Uhr

Im Chapter House der Westminster Abbey sollte man seinen Blick heben. Die filigranen Buntglasfenster bestechen ebenso wie das achteckige Rippengewölbe.

 MERIAN TOP 10

⑭ WESTMINSTER ABBEY G4

Seit über 900 Jahren der Ort für königliche Krönungen, Hochzeiten und Beerdigungen. 17 Monarchen sind hier begraben. Die **Abtei** wurde 960 als Benediktinerkloster gegründet. Henry III. begann 1245 den heutigen Bau, eines der historisch wichtigsten gotischen Gebäude Englands. Sehenswert ist die 1519 errichtete **Marienkapelle** und die **Statue** des deutschen Märtyrers Pastor Dietrich Bonhoeffer (Westeingang). Viele große Persönlichkeiten fanden in der Abbey ihre letzte Ruhe: z. B. Isaac Newton, Charles Darwin und Charles Dickens.

2019 eröffnet: The Queen's Diamond Jubilee Galleries, ein Museum 16 m hoch unter dem Dach der Abtei, erreichbar durch einen neu-gebauten Treppenturm (Eintritt 5 £).

Westminster | Broad Sanctuary, SW 1 | U-Bahn: Westminster | Tel. 0 20/72 22 51 52 | www.westminster-abbey.org | Mo–Sa 9.30–15.30, Mi 9.30–18 Uhr | Eintritt 21 £ online

⑮ WESTMINSTER CATHEDRAL F5

Die Hauptkirche der Katholiken in England. Der Backsteinbau im neobyzantinischen Stil mit einem herrlichen frei stehenden Kampanile, wurde 1903 von John Francis Bentley erbaut. Sie verfügt über eine reiche Innenausstattung in grauschwarzem Marmor. Die Kathedrale ist Amtssitz des Oberhaupts der römisch-katholischen Kirche Englands.

Westminster | Ashley Place, SW 1 | U-Bahn: Victoria | www.westminstercathedral.org.uk

MERIAN TOP 10

⑯ BUCKINGHAM PALACE F4

Der Palast gilt als offizielle »Stadtwohnung mit Büro« der königlichen Familie und entstand aus dem 1703 für den Herzog von Buckingham erbauten Buckingham House, das George IV. 1825 vom Architekten John Nash umgestalten ließ. Queen Victoria erklärte das Schloss zur königlichen Residenz, die 1913 ihre heutige Fassade erhielt. Besichtigt werden kann der Palast nur im August/September. Ganzjährig geöffnet ist dafür die eindrucksvolle **Queen's Gallery**. In den **Royal Mews** sind die herrlichen Kutschen sehenswert (keine Besichtigung bei Staatsanlässen). Das 26 m hohe marmorne **Victoria Memorial** vor dem Palast wurde 1911 errichtet.

Palace und Wellington Barracks in Birdcage Walk; 11 Uhr in Horse Guards (So 10 Uhr) | www.householddivision.org.uk
– St James's | U-Bahn: St James's Park | www.rct.uk
– Buckingham Palace State Rooms: Juli/Aug. 9.30–17.15, Sept. 9.30–16.15 Uhr | Eintritt 25 £
– Queen's Gallery: tgl. 10–17.30 Uhr | Eintritt 13,50 £
– Royal Mews: Feb.–März tgl. 10–16, April–Okt. 10–17, Nov. 10–16 Uhr, Dez.–Jan. geschl. | Eintritt 12 £

⑰ ST JAMES'S PARK F–G4

Diese herrliche 23 ha große Grünanlage ist der älteste königliche Park Londons. 1532 machte Henry VIII. ein Sumpfgebiet hier zu seinem Jagdrevier. Im 19. Jh. legte John Nash den Park neu an, mit künstlich geschaffenen Seen und exotischen Tieren. Auch heute noch werden hier Pelikane gehalten. Nur von Ferne hört man in dieser kleinen Oase den Londoner Verkehr.

St James's | SW 1 | U-Bahn: St James's Park

⑱ THE MALL G4

Jeder Fernsehzuschauer kennt von den Zeremonien des Königshauses her jene rot geteerte **Prachtstraße**, die vom Buckingham Palace zum Trafalgar Square führt. Sie wurde für Charles II. zwischen 1660 und 1662 angelegt. Eine hoheitsvolle, fast 3 m hohe **Bronzestatue** von Königin Elizabeth (1900 bis 2002) steht an der Mall vor dem Standbild ihres Mannes, König George VI. Bildhauer Philip Jackson schuf das Denkmal.

In der Häuserreihe **Carlton House Terrace** sind das Institut für Zeitgenössische Kunst und die Mall Galleries sehenswert.
St James's | U-Bahn: Charing Cross | www.ica.art |
Di–So 12–23, Fr, Sa bis 24 Uhr

⑲ CLARENCE HOUSE F4

Seit dem Tod der Queen Mother (2002) Londoner Residenz von Prinz Charles und seiner Ehefrau Camilla. John Nash entwarf dies elegante Gebäude neben dem St James's Palace 1825 für den Herzog von Clarence. Führungen im August.
St James's | Stable Yard, SW 1 | U-Bahn: Green Park |
Tel. 0 20/77 66 73 03 | www.rct.uk | Aug. Mo–Fr 10–15.30,
Sa, So 10–16.30 Uhr | Eintritt 11,30 £

⑳ ST JAMES'S CHURCH F3

Die 1676 von Sir Christopher Wren entworfene Kirche liegt zwischen Piccadilly und Jermyn Street. Der Künstler und Dichter William Blake wurde hier 1757 getauft. Stimmungsvoll sind die Mittags- und Abendkonzerte. Auch der kleine Kunsthandwerksmarkt (Mo–Sa) ist einen Blick wert.
St James's | 197 Piccadilly, W 1 | www.sjp.org.uk

Essen und Trinken

① *Inklusive Traumblick*
NATIONAL DINING ROOMS G3

In dem modernen Anbau der National Gallery werden exzellente britische Gerichte aus saisonalen Zutaten serviert, jeden Monat aus einer anderen Region. Gratis ist der Blick auf Trafalgar Square.
St James's | Sainsbury Wing, Trafalgar Square, WC 2 | U-Bahn:

Charing Cross | Tel. 0 20/77 47 25 25 | www.nationalgallery.org. uk | tgl. 10–17, Fr bis 21 Uhr | €€

② *Zwischen Büchern*
THE CINNAMON CLUB G5

Das Backsteingebäude der Westminster Library wurde in ein modernes indisches Restaurant mit Bar verwandelt. Bücherborde zieren die hohen Räume und erinnern an Gelehrte. Koch Vivek Singh kreiert elegante, einfallsreiche Gerichte und gibt der traditionellen indischen Küche neuen Aufschwung.

Westminster | The Old Westminster Library, 30–32 Great Smith Street, SW 1 | U-Bahn: St James's Park | Tel. 0 20/72 22 25 55 | www.cinnamonclub.com | Mo–Sa 12–14.45, 18–22.45, So 12–15 und 17.30–21 Uhr | €€€

③ *Speisen unter Stuck*
THE WOLSELEY F4

Mit seinen Marmorsäulen und Kronleuchtern hat dieses Restaurant das Flair eines Altwiener Grandhotels. Doch es wagte etwas völlig Neues: das All-day-Restaurant! Neben einem täglich wechselnden Menü kann man Kuchen oder Steak, Kaviar und Aus-

tern bestellen, und das von morgens bis Mitternacht.

St James's | 160 Piccadilly, W 1 | U-Bahn: Green Park | Tel. 0 20/74 99 69 96 | www. thewolseley.com | Mo–Fr 7–24, Sa 8–24, So 8–23 Uhr | €€€

④ *Genuss in Lagerräumen*
CELLARIUM CAFE & TERRACE G4/5

Ehemalige Vorratsräume der Westminster Abbey wurden in ein schickes Café umgebaut. Im mittelalterlichen Gemäuer und auf einer kleinen Terrasse kann man klassische britische Gerichte genießen.

Westminster | 20 Dean's Yard, Westminster Abbey, SW 1 | U-Bahn: Westminster | www.benugo.com/restaurants/ cellarium-cafe-terrace | Mo–Fr 8–18, Sa 9–17, So 10–16 Uhr

⑤ *Bastion englischer Tradition*
THE RITZ F4

Afternoon Tea im herrlichen Palm Court: Es gibt 17 verschiedene Teesorten, hauchdünne Sandwiches mit Räucherlachs und anderen Leckereien, dazu Scones und Teegebäck. Serviert wird von 11.30 bis 19.30 Uhr in fünf

Im Einkaufsparadies Fortnum & Mason wird sorgsam Tee abgewogen.

sessions. Unbedingt vorher buchen! Ein teures Vergnügen, dafür ein unvergessliches Erlebnis!

St James's | The Ritz, 150 Piccadilly, W 1 | U-Bahn: Green Park | Tel. 0 20/73 00 23 45 | www. theritzlondon.com/tea | 58 £ | €€€

Einkaufen

⑥ *Weltweit ältester Weinhändler*
BERRY BROS. & RUDD F4

Eine Institution! 1698 eröffnete die Witwe Bourne in diesem Haus eine Weinhandlung, die seit 1760 das Königshaus beliefert und noch heute im Familienbesitz ist.

St James's | 3 St James's Street, SW 1 | U-Bahn: Green Park | www.bbr.com | Mo–Fr 10–19, Sa 10–17 Uhr

⑦ *Ältestes Hutgeschäft*
LOCK & CO F4

Das Kundenbuch des 1676 gegründeten Hutladens liest sich wie ein »Who's Who« der letzten Jahrhunderte, von Admiral Lord Nelson über Winston Churchill und Charlie Chaplin bis zu Prinz Charles und sogar der nächsten Generation der Royals.

St James's | 6 St James's Street, SW 1 | U-Bahn: Green Park | www.lockhatters.co.uk | Mo–Fr 9–17.30, Sa 9.30–17 Uhr

⑧ *Alles Käse!*
PAXTON AND WHITFIELD F3

»Ein Gentleman kauft seine Hüte bei Locks, seine Schuhe bei Lobbs und seinen Käse nur bei Paxton & Whitfield«, meinte schon Premierminister Winston Churchill. 300 Käsesorten bietet das 1797 gegründete Spezialgeschäft, übrigens auch Hoflieferant von Königin Elizabeth und Prinz Charles.

St James's | 93 Jermyn Street, SW 1 | U-Bahn: Piccadilly Circus | www.paxtonandwhitfield.co.uk | Mo–Sa 10–18.30, So 11–17 Uhr

⑨ Nobelkaufhaus
FORTNUM & MASON F3

Seit 1707 gibt es hier Luxusgüter: von Schmuck über Delikatessen bis hin zu Geschenkkörben, die in alle Welt versandt werden. 1854 ließ Königin Victoria 300 Pfund Tee an die verwundeten Soldaten auf der Krim schicken. Bienenstöcke auf dem Dach produzieren den hauseigenen Honig.

Piccadilly | 181 Piccadilly, W 1 | U-Bahn: Piccadilly Circus oder Green Park | Tel. 0 20/77 34 80 40 | www.fortnumandmason.com | Mo–Sa 10–21, So 12–18 Uhr

⑩ Eleganz für den Mann von Welt
ALFRED DUNHILL F3

Der Name Dunhill steht wie kein anderer für stilsichere Eleganz englischer Gentle-men: Manschettenknöpfe, Krawatten und Pfeifen findet man hier ebenso wie edle Herrenmode. Für hochkarätige Kunden wurde in früheren Zeiten deren ureigene Tabakmischung für Zigarren oder Pfeifen zusammengestellt, die hier in Safes kühl und trocken gelagert wurden, bis der Kunde wieder Nachschub brauchte. Einer von ihnen war Winston Churchill.

St James's | 48 Jermyn Street, SW 1 | U-Bahn: Green Park | www.dunhill.com | Mo–Sa 10–19 Uhr

Abendgestaltung

⑪ Eng und gemütlich
GORDON'S WINEBAR G3

Im 17. Jh. lebte der Tagebuchautor Samuel Pepys in diesem Haus. Heute strömen Weinliebhaber in die seit 1890 bestehende Weinbar, die älteste Londons. Kerzenlicht sorgt in dem niedrigen Kellergewölbe für romantische Stimmung. Oder man nimmt im Freien, auf der gemütlichen Terrasse Platz.

Embankment | 47 Villiers Street, WC 2 | U-Bahn: Embankment | www.gordonswinebar.com | Mo–Sa 11–23, So 12–22 Uhr

Das Globe Theatre ist bekannt für Aufführungen von Werken Shakespeares: Die Komödie »Der Widerspenstigen Zähmung« ist ein Publikumsfavorit.

GROSSE BÜHNE LONDON

Vielfalt, Experimente und Theaterlust

Seit jeher gilt London als eine der kunstsinnigsten Städte der Welt. Was liegt also näher, als sich voller Enthusiasmus in eine der Vorstellungen von Oper, Konzert, Schauspiel oder Musical zu begeben? Doch, was soll es sein bei 240 Spielstätten, die Abend für Abend ihr jeweiliges Publikum zu Begeisterungsstürmen hinreißen?

Im Westend Londons – und damit im Herzen Westminsters – liegt das »Theatreland«, dessen wirbelige Mitte in Drury Lane, Shaftesbury Avenue und Strand zu finden ist. Dieser Stadtteil lässt das Herz eines jeden Theaterfans pochen, insbesondere wenn er oder sie Musicals liebt. Und das alles findet auf den Bühnen historischer Theater statt, die den architekturbegeisterten Besucher unter Garantie dazu verleiten werden, das Auge ab und an von der Bühne fort und auf die Pracht der Innenausstattung zu richten.

Und als sei dies nicht genug, können die Londoner Aufführungen mit durchaus erschwinglichen Preisen locken, wenn man weiß, wie und wo die Tickets am besten zu erwerben sind. Dabei hilft die »Official London Theatre«-Website mit einer

Auflistung aller Programme, kurzen Inhaltsangaben sowie Infos zu Zeiten und Preisen. Günstige Karten bekommt man kurzfristig am TKTS-Kiosk am Leicester Square.

Anstelle der vielen zu erwähnenden Theater sei eines besucht, das mit großem Namen am Haymarket strahlt: **Her Majesty's Theatre**, 1705 als »Queen's Theatre« eröffnet und nach der Thronbesteigung Georges I. im Jahre 1714 in »King's Theatre« umbenannt. Heute heißt es natürlich wieder Queen's Theatre nach Königin Elizabeth, bis Prinz Charles den Thron besteigt … Hier wurden zu barocken Zeiten die meisten Opern Georg Friedrich Händels uraufgeführt, später inszenierte man legendäre Maskenbälle, und seit dem 9. Oktober 1986 verzaubert das Musical »Das Phantom der Oper« des fast schon legendären Komponisten Andrew Lloyd Webber Abend für Abend die Theaterbesucher.

Nirgendwo in der Welt, abgesehen vom Broadway, werden so viele hochkarätige Musicals aus der Taufe gehoben wie in London.

Wer nicht beim Musical bleiben möchte, sondern eher zu Händel tendiert, schlüpfe ins immer noch angesagte »Kleine Schwarze« bzw. den Abendanzug und schreite die Treppe des Royal Opera House in Covent Garden empor, um sich Stimmen von Weltrang und dem Klang eines der weltweit besten Orchester hinzugeben. Das Haus gilt als die bedeutendste Oper Englands, ist gleichzeitig »Heimat« des Royal Ballet und öffnete nach dem Krieg am 20. Februar 1946 mit einer Aufführung des Balletts »Dornröschen« von Peter Tschaikowsky wieder seine Pforten.

Nicht fehlen darf, wenn man durch die Theaterlandschaft Londons streift, **Shakespeare's Globe Theatre** am Südufer der Themse, fast zu Füßen der Galerie Tate Modern. An alter Stelle 1997 wiedererstanden kommt hier im elisabethanischen Gewand der »Meister der Meister« mit Spiel und Gesang zu den Zuschauern auf den Rängen.

Welch ein Kosmos: von Händel übers Musical zu Shakespeare … »Ganz wie ihr wollt«, würde er, der große Dichter Englands – hoffentlich – gesagt haben.

SOUTH BANK UND BANKSIDE

Denkt man an London Eye, an den Betonkomplex des Southbank Centre, den Oxo Tower, die Kunstgalerie Tate Modern und das Theater Shakespeare's Globe, ist man bereits mittendrin in einem der neu entdeckten Stadtteile Londons.

Auf der zwei Meilen langen Strecke entlang der Themse zwischen Lambeth Bridge und Tower Bridge reihen sich Kunsttempel, Theater und Pubs aneinander, vom Lambeth Palace zum Old Vic und dem National Theatre bis zur Hayward Gallery, dem IMAX Cinema und der gläsernen City Hall, dem Amtssitz des Londoner Bürgermeisters. Nicht zu vergessen: einige Riverside Pubs, wie das 1661 gebaute The Anchor, Bankside oder Founders Arms neben der Tate Modern, der Borough Market und nicht weit entfernt das The George Inn.

Zu Shakespeares Zeiten befanden sich hier nur üble Spelunken, Bordelle und verbotene Bärenkampfstätten. Seitdem hat sich viel verändert, zum Teil durch das 1951 erbaute Southbank Centre mit seinen drei Theatern. Auch Sir Norman Fos-

Avantgarde an der Themse.

»The Shard«
→ S. 110

City Hall
→ S. 102

ters Fußgängerbrücke **Millennium Bridge** und das Riesenrad **London Eye** bringen viele Besucher an die Südseite der Themse. Hier tobt das Leben um den neu gestalteten **Jubilee Garden** und das **Southbank Centre**, mit seinen Straßentheatern, Kunstausstellungen, Cafés und Restaurants.

In der Southwark Cathedral betete schon Shakespeare, und John Harvard, Gründer der Harvard University, wurde hier 1607 getauft.

Nicht weit von der London Bridge sollte man die über 500 Jahre alte **Southwark Cathedral** besichtigen. Wer Zeit für den Bermondsey Antiques Market hat, ergattert frühmorgens die besten Schnäppchen. Der Wolkenkratzer **The Shard** ragt mit seinen 87 Stockwerken über der Gegend auf. Unter ihm die neu gebaute **London Bridge Station**, die 2019 mit drei Architekturpreisen ausgezeichnet wurde.

Sehenswertes

❶ IMPERIAL WAR MUSEUM H/J5

Das Kriegsmuseum wurde kurz nach dem Ersten Weltkrieg gegründet, um den Schrecken des Krieges zu verdeutlichen. Zeugnisse der beiden Weltkriege, aber auch neuzeitlicher Konflikte sind ebenso ausgestellt wie historische Dokumente und Werke britischer Kriegsmaler. Zu diesem Museum gehören auch die **Churchill War Rooms** in Whitehall.

Lambeth | Lambeth Road, SE 1 | U-Bahn: Lambeth North | www.iwm.org.uk | tgl. 10–18 Uhr | Eintritt frei

»Cheese Grater«
→ S. 29

»The Gherkin«
→ S. 29

»Walkie Talkie«
→ S. 127

SEHENSWERTES

1. Imperial War Museum
2. Lambeth Palace
3. London Eye
4. Southbank Centre ⭐
5. Hayward Gallery
6. Oxo Tower Wharf
7. Tate Modern ⭐
8. Millennium Bridge
9. Shakespeare's Globe
10. Winchester Palace 👁
11. Golden Hinde II
12. Southwark Cathedral
13. The Shard

ESSEN UND TRINKEN

1. Tate Modern Kitchen & Bar
2. Swan at the Globe
3. Le Pont de la Tour

EINKAUFEN

4. Borough Market 🚩
5. Bermondsey Square Antiques Market

2 LAMBETH PALACE H5

Seit acht Jahrhunderten residieren die Erzbischöfe von Canterbury in diesem Palast. Er kann nur an wenigen Tagen besichtigt werden. Gleich daneben, in der St Mary-at-Lambeth Kirche, lohnt das **Garden Museum** einen Besuch.

Lambeth | Lambeth Palace Road, SE 1 | U-Bahn: Westminster oder Waterloo | www.archbishopofcanterbury.org

3 LONDON EYE H4

Das 2000 errichtete Riesenrad hat sich zur Besucherattraktion entwickelt. Mit seinen 135 m und 32 klimatisierten Gondeln ist es das höchste Europas! Während der 30 Min. dauernden

Fahrt kann man bei gutem Wetter rund 40 km weit sehen, sogar bis Schloss Windsor.

South Bank | Jubilee Gardens, SE 1 | U-Bahn: Westminster und Waterloo | www.londoneye.com | tgl. 10–20.30 Uhr | Eintritt ab 27 £

MERIAN TOP 10

④ SOUTHBANK CENTRE H4

Diese Ansammlung von Betonklötzen, die in den 1950er-Jahren aus dem Boden gestampft wurde, bildet Londons größten Kunsttempel. Er umfasst die Royal Festival Hall, die Queen Elizabeth Hall und den Purcell Room. Das lang gestreckte National Theatre mit seinen drei Bühnen, das British Film Institute und die Hayward Gallery vervollständigen die »Kunstburgen« am Südufer der Themse. In den letzten Jahren wurde der Komplex um Restaurants und Freiluftausstellungen erweitert.

South Bank | Belvedere Road, SE 1 | U-Bahn: Waterloo | Tel. 0 20/38 79 95 55 | www.southbankcentre.co.uk

Mit Shakespeare an der Theke

Die Glocke läutet. Der Pubwirt ruft: »Time Gentlemen please!« Gemächlich und leicht schwankend erheben sich die wenigen Kunden, fast allesamt ältere Herren, und verlassen das verräucherte und nach Bier riechende George Inn in der Borough High Street. Unter ihnen William Shakespeare, einen dicken Packen Papier unterm Arm, in der Hand Feder und Tintenfass. Das Inn ist seine Stammkneipe. Hier schreibt er oft bei einem Krug Ale seine Theaterstücke, die sogar im Innenhof des Pubs aufgeführt werden. Von den überdachten Galerien aus schauen die Zuschauer dem unterhaltsamen Geschehen zu.

The George Inn (oder auch The George), nicht weit von der London Bridge, ist eines der ältesten Pubs der Stadt, eine ehemalige Poststation, an der Pferdekutschen auf dem Weg in die City Halt machten. Es stammt aus dem 17. Jahrhundert und fällt sofort durch die an der Gebäudefront angebrachten *galleries* auf, eine Art durchgehende Balkone oder sogenannte Pawlatschengänge, wie man sie aus Wien kennt. The George ist der letzte noch erhaltene Fuhrmannsgasthof mit besagten *galleries*. Auch Charles Dickens war hier einst zu Gast und erwähnte das George Inn in seinem Roman »Little Dorrit«. Gleich nebenan stand einst The Tabard, das Pub, von wo aus Geoffrey Chaucers Pilger sich 1388 auf den Weg nach Canterbury machten.

In moderner Zeit wurde das Pub umgebaut und liegt jetzt in einer kleinen Gasse versteckt. Doch sobald man die Schenke mit den dunklen Holzbalken betritt, kann man sich fast Shakespeare an der Theke vorstellen.

Die Geschichte der Pubs lässt sich auf die Zeit der Römer in Britannien zurückführen. Die damaligen *tabernae*, die entlang der römischen Straßen den Legionären Wein zur Stärkung anboten, entwickelten sich zu Tavernen, später dann zu *Alehouses* und *Travellers' Inns*, in denen Reisende essen, trinken und übernachten konnten. *Public Houses* entstanden als Gast-

Das George Inn übte bereits im 19. Jh. eine magische Anziehungskraft auf durstige Londoner aus. Festgehalten auf einem Bild des Malers John Crowther (1880).

stätten in Privathäusern, die dann *public*, also öffentlich gemacht wurden.

Typisch für England ist das Bitter, ein meist warmes braunes Bier, das obergärig gebraut wird und weniger Alkohol und Schaum hat als die deutschen hellen Biere, denen das Lagerbier ähnelt. Bestellt wird ein *pint* oder *half pint*, also nicht »ein Bier«.

> Die Theke ist der einzige Ort, wo Engländer nicht geduldig Schlange stehen.

Was englische Pubs von deutschen Kneipen unterscheidet, ist, dass man sich die Getränke an der Theke holt und gleich bezahlt. Anstehen und Gedränge muss man dabei in Kauf nehmen. Mit dem Geldschein in der Hand versucht man den Blick des Pubwirts zu erhaschen und deutlich zu machen, dass man als Nächster dran ist. Dazu wird in Runden bestellt. Das bedeutet für alle Freunde, mit denen man ausgeht, mitzubestellen und zu bezahlen. Die nächste Runde übernimmt dann ein anderer Trinkgenosse. Je nach Größe der Gruppe und Länge des Abends kann das teuer werden!

Traditionell schließen Pubs um 23 Uhr, allerdings haben die strengen Schankstunden sich inzwischen gelockert. Trotzdem heißt es irgendwann: »Last orders please!«

❺ HAYWARD GALLERY H4

Moderne hochkarätige Kunstgalerie, 1968 gegründet, in der optimale Lichtverhältnisse herrschen. Sie beschränkt sich auf drei oder vier große zeitgenössischen Ausstellungen im Jahr.
South Bank | Southbank Centre, Belvedere Road, SE 1 | U-Bahn: Waterloo | www.southbankcentre.co.uk | tgl. 11–19, Do bis 21 Uhr, Di geschl.

❻ OXO TOWER WHARF H3

Das stillgelegte Fabrikgebäude der Brühwürfelfirma Oxo wurde zur Kunststätte für Töpfer, Silberschmiede und Maler, die hier ihre Werke anbieten. Eine lebhafte Brasserie im 8. Stock mit Jazz am Abend und herrlichem Blick auf die City.
South Bank | Oxo Tower Wharf, Bargehouse Street, SE 1 | U-Bahn: Southwark oder Waterloo | www.oxotower.co.uk

★ MERIAN TOP 10

❼ TATE MODERN J3

Höchst imposanter Ableger der Tate Britain, die das »Tate-to-Tate«-Boot verbindet. Das Museum der modernen Kunst entstand aus einem stillgelegten Kraftwerk und bietet weltweit einen der umfangreichsten Schätze zeitgenössischer Kunst.
South Bank | Bankside, SE 1 | U-Bahn: Southwark | www.tate.org.uk | So–Do 10–18, Fr, Sa 10–22 Uhr | Eintritt frei, bis auf Sonderausstellungen

❽ MILLENNIUM BRIDGE J3

Die Fußgängerbrücke (die erste seit 100 Jahren) über die Themse, zwischen St Paul's Cathedral und der Tate Modern am Südufer, wurde von Sir Norman Foster entworfen. Die Queen eröffnete diese 325 m lange Hängebrücke im Juni 2000.
City, South Bank | U-Bahn: St Paul's

❾ SHAKESPEARE'S GLOBE J3

Diese originalgetreue Nachbildung des ursprünglichen Globe-Theaters, in dem William Shakespeare zu elisabethanischer Zeit seine Dramen uraufführte, erwachte 1997 zu neuem Leben: achteckig, ganz aus Holz mit runder Bühne und halb

Wenn man von Norden kommend die Millennium Bridge über die Themse überquert, steuert man schnurstracks auf die weltberühmte Galerie Tate Modern zu.

offenem Dach. Das neue Globe ist das Lebenswerk des US-Schauspielers und Regisseurs Sam Wanamaker, der seinem Idol ein Denkmal setzen wollte. Es gab bis dahin in London kaum eine würdige Stätte für den großen Dramatiker und Lyriker William Shakespeare. Das Theater lohnt allein schon wegen seines historischen Baus einen Besuch, ebenso die Ausstellung über den Werdegang des Globe. Nebenan wurde Wanamaker für seinen Einsatz selbst ein »Denkmal« gesetzt. Das **Sam Wanamaker Playhouse** ist ein Theater im jakobinischen Stil, in dem nur bei Kerzenlicht gespielt wird.
Bankside | 21 New Globe Walk, SE 1 | U-Bahn: Blackfriars oder Mansion House | Tel. 0 20/74 01 99 19 | www.shakespearesglobe.com | tgl. 9.30–18 Uhr | Eintritt 17 £ | Führungen morgens | Theaterkarten: 5–45 £

IM VORBEIGEHEN ENTDECKT 👁

⑩ WINCHESTER PALACE

In der verwinkelten Gasse Pickfords Wharf am Südufer der Themse zwischen modernisierten Lagerhäusern ragt die uralte Ruine des Winchester Palasts auf. Wo sich jetzt moderne Büros befinden, stand im 12. Jh. die Stadtresidenz des Bischofs von Winchester. 500 Jahre lang empfingen Religionsführer hier wichtige Gäste und königliche Hoheiten. Heute steht nur noch die Giebelwand mit dem Rosenfenster, und Türöffnungen sind zu sehen, die zu Küche und Vorratskammern führten.

⑪ GOLDEN HINDE II K3

Diese originalgetreue Nachbildung des Flaggschiffs von Sir Francis Drake ist sogar seetüchtig und segelte 1974 nach Amerika und dann zweimal um die Welt, so wie das Original in den Jahren 1577 bis 1580. 2003 unternahm sie ihre letzte Reise.

Bankside | Pickfords Wharf, Clink Street, SE 1 | U-Bahn: London Bridge | Tel. 0 20/74 03 01 23 | www.goldenhinde.com | tgl. 10–17 Uhr | Eintritt 5 £

⑫ SOUTHWARK CATHEDRAL K4

Schon im 7. Jh. soll hier die erste Kirche gestanden haben, doch die ältesten Teile des jetzigen Gebäudes sind erst 800 Jahre alt. Nach der Westminster Abbey gilt die 1905 zur Kathedrale erhobene Kirche als schönster gotischer Sakralbau Londons.

Bankside | London Bridge, SE 1 | U-Bahn: London Bridge | www.cathedral. southwark.anglican.org | Mo–Fr 9–17, Sa 9.30–18, So ab 12.30 Uhr

⑬ THE SHARD K4

Wie ein funkelnder Kegel aus Glas ragt das von Renzo Piano entworfene Gebäude in den Himmel. Besucher genießen von der Aussichtsplattform (69. und 72. Stock) einen tollen Blick. Mit 309,6 m ist der Skyscraper der höchste in der EU.

Bankside | Joiner Street, SE 1 | U-Bahn: London Bridge Station | www.the-shard.com

– Aussichtsplattform: im Voraus buchen: www.theviewfromtheshard. com | Tel. 0 84/44 99 71 11 | Sommer tgl. 10–22, Winter So–Mi 10–20, Do–Sa 10–22 Uhr | Eintritt ab 25 £

Essen und Trinken

① *Kunstvolle Gerichte*
TATE MODERN KITCHEN & BAR J3

Auch dieses Restaurant im 6. Stock des ehemaligen Kraftwerks stellt den schönen Blick auf die Themse in den Vordergrund. Nach intensivem Studium der modernen Kunst lässt es sich bei gesunder, leichter Kost genussvoll entspannen.

Southbank | Level 6, Boiler House, Bankside, SE 1 | U-Bahn: Southwark | Tel. 0 20/74 01 51 03 | www.tate.org.uk/visit/tate-modern/kitchen-and-bar | Mo–Do 12–17.30, Fr–So 10–17 Uhr | €€€

② *Der Kunst ganz nahe*
SWAN AT THE GLOBE J3

Das Restaurant im Shakespeare's Globe Theatre ist ein Erlebnis und bietet dazu einen Traumblick auf Themse und St Paul's Cathedral. Wer nur zum Dinner herkommt, sollte den Beginn der Theatervorstellung abwarten.

Bankside | 21 New Globe Walk, SE 1 | U-Bahn: Blackfriars oder Mansion House | Tel. 0 20/79 28 94 44 | www.swanlondon.co.uk | Mo–Sa 12–15 und 17–22.15, So 11.30–22.30 Uhr | €€€

③ *Blick auf Tower Bridge*
LE PONT DE LA TOUR L4

Von der herrlichen Terrasse des beliebten französischen Restaurants hat man den besten Blick auf Londons Wahrzeichen und im Hintergrund den Finanzbezirk. Abends ist diese Aussicht besonders stimmungsvoll, wenn die Tower Bridge angestrahlt ist.

Southwark | 36D Shad Thames, SE 1 | U-Bahn: London Bridge | Tel. 0 20/74 03 84 03 | www.lepont delatour.co.uk | Mo–Fr 12–14.30, Sa, So 12–15, Mo–Sa 17.30–22.30, So 17.30–21.30 Uhr | €€€€

Einkaufen

MERIAN EMPFEHLUNG 5

④ *Fundgrube*
BOROUGH MARKET K4

Londons ältester Lebensmittelmarkt wurde im Mittelalter gegründet, lebte ab 1755 wieder auf und zog zu Beginn des 19. Jh. unter die Eisenbahnbrücken. Heute sieht man hier Köche und Gourmets zwischen den Angeboten stöbern.

Southwark | 8 Southwark Street, SE 1 | U-Bahn: London Bridge | www.boroughmarket.org.uk | Mo–Do 10–17, Fr 10–18, Sa 8–17 Uhr

⑤ *Schnäppchen!*
BERMONDSEY SQUARE ANTIQUES MARKET K5

Auf einem neu bebauten Platz mit Restaurants und Läden befindet sich dieser Antikmarkt mit 200 Ständen, die Silber, Geschirr, Kleinmöbel und Kunsthandwerk anbieten. Morgens macht man die besten Geschäfte.

Southwark | Bermondsey Square, Abbey Street oder Tower Bridge Road, SE 1 | U-Bahn: Borough | www.bermondseysquare.net | Fr 6–14 Uhr

THE CITY UND TOWER OF LONDON

Dicht nebeneinander wetteifert der Tower of London mit den Wolkenkratzern der City. Immer höher schießen die Gebäude des Finanzbezirks aus dem Boden: »Gherkin«, »Tower 42«, »Cheese grater«, »Heron Tower« und »Walkie Talkie«.

Die City of London misst gerade mal eine Quadratmeile und heißt daher »The Square Mile«. Laut Geschichtsschreiber Tacitus befand sich hier schon vor dem Einfall römischer Truppen ein reger Handelsplatz. Markttreiben und Geldgeschäfte waren immer schon typisch für dieses Gebiet, das heute als einer der wichtigsten **Finanzmärkte** der Welt gilt. Kein Wunder also, dass die City of London sich über viele Jahrhunderte selbstbewusst ihre Selbstständigkeit gegenüber »dem anderen London«, also Westminster, wo Politik, Regierung, Monarchie und Kirche herrschten, ertrotzte. Tatsächlich schreiben Chroniken zum Teil von der Abhängigkeit Westminsters vom Geld der City-Leute. 1684 beispielsweise, als William III. Zuschüsse brauchte, um seinen Krieg gegen Frankreich zu finanzieren. Das führte zur Gründung der Bank of England, gefolgt von Royal Exchange, der Börse, und Mansion House, dem Amtssitz des Lord Mayor of London, die das »Herz der Square Mile« symbolisieren. Nicht weit davon entfernt steht die **Guildhall**, das Rathaus dieses Bezirks, auch Sitz der City of London Corporation, die seinen Reichtum verwaltet.

Wer heute durch Cornhill, Cheapside oder über den hübschen viktorianischen Markt in Leadenhall Street schlendert, kann sich bestimmt nur schwer die römische Festung vorstellen, die hier vor über 2000 Jahren stand, umgeben von der 3 m

In der City of London ragen extravagante Wolkenkratzer auf. The Garden bietet tolle Ausblicke auf die Gebäuderiesen, insbesondere auf den Büroturm »The Gherkin«.

dicken Schutzmauer **London Wall**. Von ihr sind bei Tower Hill, in der Cooper's Row, heute noch Teile zu sehen. Dabei befanden sich hier einst Straßen, Geschäfte, eine Basilika und sogar ein Amphitheater.

Cheapside galt im Mittelalter als Zentrum blühenden Markt- und Geschäftslebens. In Kaffeehäusern wurde Handel jeglicher Art getrieben, bis 1665 die »Great Plague«, eine verheerende Seuche, ausbrach, bei der Tausende starben. Doch 1666 kam mit dem Großen Brand noch schlimmeres Elend über die Bevölkerung: 13 000 Holzhäuser brannten nieder, 87 Kirchen wurden zerstört. »The Monument« von Sir Christopher Wren erinnert daran. 1675 legte Wren den Grundstein für den Bau der dritten **St Paul's Cathedral**. Erst 1708 war sein Meisterwerk vollendet.

Im Museum of London wird die bewegte Geschichte der Stadt wieder wach.

War es ein Wunder, dass der **Tower of London**, Synonym für Bestrafung und Todesängste, Ereignisse wie Pest und Großen Brand überstand? Die von William the Conqueror nach der Schlacht von Hastings 1066 begonnene Festung, die zugleich Palast, Kerker und Hinrichtungsstätte war und jahrhun-

SEHENSWERTES
1. Barbican Centre
2. Barbican Art Gallery
3. Museum of London
4. Golden Boy of Pye Corner 👁
5. Old Bailey
6. Paternoster Square
7. St Paul's Cathedral ★
8. St Mary-le-Bow
9. Guildhall 🚩
10. Mansion House
11. London Stone
12. The Monument
13. London Bridge
14. Tower of London ★
15. Tower Bridge ★
16. Bevis Marks Synagogue
17. St Helen's

ESSEN UND TRINKEN
1. Café Below
2. Simpson's Tavern
3. Duck & Waffle
4. Galvin La Chapelle

EINKAUFEN
5. One New Change
6. The Royal Exchange
7. Leadenhall Market

ABENDGESTALTUNG
8. Sky Pod Bar

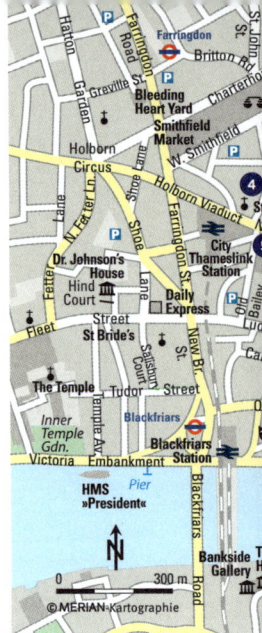

dertelang auch als Schatzkammer genutzt wurde, blieb verschont und trug die oft blutige englische Geschichte in neue Jahrhunderte.

Sehenswertes

1 BARBICAN CENTRE K2

Als eines der größten Kulturzentren Europas gilt das Barbican Centre, das 1982 von Königin Elizabeth eröffnet wurde. Unter einem Dach bietet es eine Konzerthalle, zwei Theater, drei Kinos, zwei Kunstgalerien sowie diverse Cafés und Restaurants. Die Barbican Hall, eine Konzerthalle mit Platz für 1949 Besucher, ist Heimat des London Symphony Orchestra (LSO). Das **Barbican Theatre** wurde speziell für die Royal Shakespeare Company gebaut.

Barbican | Silk Street, EC 2 | U-Bahn: Barbican | Tel. 0 20/76 38 88 91 | www.barbican.org.uk | Mo–Sa 9–23, So 11–23 Uhr

❷ BARBICAN ART GALLERY K2

Wechselausstellungen aus den Bereichen Mode, Fotografie, Kulturelles: einfach alles, was unsere moderne Zeit beeinflusst hat. »The Curve« ist ein zusätzlicher Ausstellungsraum im Halbrund für Werke junger Künstler.

City | Barbican Centre, Level 3, Silk Street, EC 2 | U-Bahn: Barbican oder Moorgate | www.barbican.org.uk | So–Mi 10–18, Do–Sa 10–21 Uhr | Eintritt frei, Sonderausstellungen ca. 12 £

❸ MUSEUM OF LONDON J2

Hier wird dem Besucher eine Zeitreise durch die Epochen der britischen Hauptstadt geboten, von der Steinzeit bis zum römischen Londinium vor 2000 Jahren, von der angelsächsischen Epoche bis zu den Tudors, Stuarts und in die Gegenwart. Archäologische Entdeckungen wie den Mithras-Tempel oder die Büste des Serapis sollte man auf keinen Fall verpassen.

Für 2024 ist ein Umzug des Museums in die viktorianischen Hallen des Smithfield Fleischmarkts geplant.

Barbican | 150 London Wall, EC 2 | U-Bahn: Barbican | www.museumoflondon.org.uk | tgl. 10–18 Uhr | Eintritt frei

⬤ IM VORBEIGEHEN ENTDECKT

➍ GOLDEN BOY OF PYE CORNER

Ein kleiner molliger Junge soll Londons Einwohner vor sündiger Unmäßigkeit warnen. Die Todsünde der Völlerei sei schuld daran gewesen, dass die City 1666 in Flammen aufging. Eine kleine goldene Statue in Smithfield, an der Ecke von Cock Lane und Giltspur Street, erinnert daran. An dieser Stelle, wo früher das Magpie Pub stand, erloschen die letzten Flammen des Großen Brands von London, der mindestens 13 000 Häuser und 87 Kirchen zerstörte.

➎ OLD BAILEY J3

Der englische **Gerichtshof** wurde nach der Straße benannt, in der er steht. Von der Kuppel grüßt die bronzene Statue der (unparteiischen) Justitia mit Schwert und Waage. Viele berühmte Fälle wurden hier behandelt, wie die Strafprozesse gegen die Kray-Zwillinge in den 1960er-Jahren oder den des Gattinnenmörders Hawley Crippen 1910. Wie in englischen Kriminalfilmen tragen die Richter und Anwälte immer noch Perücken und Talare und formulieren selbst die schärfsten Angriffe in »gedrechselter«, respektvoller Form.

City | Old Bailey, EC 4 | U-Bahn: St Paul's | Zuschauergalerie Mo–Fr 10–13, 14–15.40 Uhr (Mindestalter 14 Jahre), Eingang: »Public Entrance«, Fotografieren verboten, Zugang nur ohne Taschen und Handys (keine Schließfächer!)

➏ PATERNOSTER SQUARE J3

Die Gegend nördlich von St Paul's Cathedral wurde in den Jahren 1996 bis 2003 neu bebaut und als öffentlicher Platz mit Geschäften und Restaurants angelegt. Hier haben die **Börse**, London Stock Exchange, und mehrere Finanzunternehmen ihren Sitz. In der Mitte steht eine 23 m hohe Säule. Das letzte noch erhaltene Tor zur City, **Temple Bar Gate**, 1672 von Christopher Wren erbaut, steht nach 126 Jahren wieder in London. Es musste 1878 dem Verkehr in der Fleet Street weichen, erstrahlt aber seit 2004 in neuem Glanz im Paternoster Square.

City | U-Bahn: St Paul's

Die stählerne Skulptur »Paternoster Vents« des Künstlers Thomas Heatherwick wird auch mit Engelsflügeln verglichen. Was wohl der Engel dazu meint …

ST PAUL'S CATHEDRAL J3

Ohne Zweifel ist dieses Gotteshaus Christopher Wrens großartigstes Werk, dem er ganze 35 Jahre seines Lebens widmete. Die monumentale Kathedrale wurde von 1675 bis 1708 an der Stelle gebaut, an der seit dem Jahre 604 eine der größten Kirchen Europas stand, bis sie 1087 einem Feuer zum Opfer fiel. Im Mittelalter wurde mit dem Bau eines neuen Gotteshauses begonnen und 1315 mit der Errichtung eines 149 m hohen Kirchturms vollendet. 1561 brannte dieser nieder, und die Kirche verfiel. Als 1666 der »Große Brand« wütete, ging auch der Rest in Flammen auf. Das gab Wren die Gelegenheit, etwas ganz Neues zu schaffen. Er setzte sich mit seiner Idee durch, statt eines Kirchturms eine **Kuppel** – nach dem Vorbild der großen Renaissancekirchen Italiens – über dem Mittelkreuz zu bauen. Getragen wird die Kuppel von wuchtigen Bögen mit viktorianischen Mosaikarbeiten in den Zwickeln, in Anlehnung an die Fresken der Sixtinischen Kapelle.

In der **Krypta** befinden sich die Grüfte von General Wellington und Admiral Nelson. In der »Malerecke« sind u. a. Reynolds, Turner und Constable begraben. Auch Sir Christopher Wren fand hier seine letzte Ruhestätte.

CHRISTOPHER WREN

Ein Baumeister der Extraklasse

London, in vieler Hinsicht eine Stadt der Superlative, lädt zu einer kurzen Tour d'Horizon seiner Architektur und eines ihrer Meister ein. Wie viele Metropolen Europas bekam auch London nach einem katastrophalen Stadtbrand von 1666 ein neues Gesicht und tat damit den Schritt in eine sich immer wieder wandelnde Zeit zukunftsweisender Architektur.

Damals schlug die Stunde des Mathematikers, Astronomen und Architekten Christopher Wren (1632–1723), der von Charles ll. zum Baumeister der Stadt und sozusagen zum Generalarchitekten Englands berufen wurde.

Welche Tragödie, aber auch welche Chance, aus dem Vollen zu schöpfen, als sich aufgrund des verheerenden **Großbrands** im September 1666 ein »Raumpanorama der Leere« auftat. Vier Tage und Nächte hatte das Feuer gewütet und 400 Straßen, 87 Kirchen und 13 000 Häuser in Schutt und Asche gelegt. Vier Fünftel der City waren zerstört, auch die alte Bischofskirche, St Paul's Cathedral, war nur noch eine Ruine. Dieser Umstand würde Christopher Wren dazu verhelfen, der Erneuerer der Stadt und eine der herausragendsten Persönlichkeiten der englischen Architektur zu werden.

Im Süden Englands als Sohn eines Geistlichen geboren, schlug in ihm schon früh ein Forscherherz. Nach einem Mathematikstudium in Oxford wurde er im Alter von nur 25 Jahren Professor für Astronomie in London, um hier die Royal Society, die Königliche Akademie der Wissenschaften, mitzubegründen. Baukunst interessierte den außergewöhnlichen jungen Mann ganz besonders, denn er sah Architektur als »angewandte Mathematik«. So entstanden imposante Baukörper mit Giebeln, Türmen, hohen Torbögen und insbesondere den Kuppeln, die für seine Handschrift so typisch sind und London ein neues Gesicht gaben. Wren war genial darin, die alten Strukturen der Stadt aufzugreifen und eine Vielfalt der Stile miteinander zu verbinden.

Genie und Schöpfung: Sir Christopher Wren schuf St Paul's Cathedral. Wie Phönix aus der Asche entstand der imposante Bau nach dem Großen Brand von 1666.

Wenn man nur an einigen der Bauwerke des Meisters vorüberginge, so gehört im Herzen Londons ganz gewiss **Kensington Palace**, den er vergrößerte, **Marlborough House** und natürlich das Monument, das an den Großen Brand von 1666 erinnert, dazu. Außerhalb des Zentrums errichtete er das **Royal Hospital Greenwich** und das **Royal Observatory**. Auch den **Hampton Court Palast** versah er an der Südseite mit der Wren'schen – hier an Versailles orientierten – Handschrift.

Hoch oben auf der »Flüstergalerie« der Kuppel ist jedes gesprochene Wort auf der anderen Seite zu verstehen.

Im Laufe seines Schaffens entstanden 53 Kirchen. Zu den bekannten Kirchen, die Wren nach dem Großen Feuer wiederaufbaute, gehören **St Bride's** und **St Mary-le-Bow**. Neu errichtete er das Gotteshaus **St James's Piccadilly** (1684). Doch sein Meisterwerk war **St Paul's Cathedral**. 35 Jahre dauerten die Bauarbeiten. Ein besonderer Blickfang ist die 111 Meter hohe Kuppel, die nach der des Petersdoms in Rom die zweitgrößte der Welt ist. Steigt man in die Krypta hinab, steht man vor dem schlichten Grab des Wissenschaftlers und Architekten und liest: »Wenn Du ein Denkmal suchst, blicke Dich um.«

Wer sich in die **Flüstergalerie** (The Golden Gallery) und in die Kuppel begibt (259 Stufen) und von dort (schwindelfrei) weitere 271 Stufen erklimmt, wird für die Mühe mit einem grandiosen Panoramablick entschädigt.

City | Ludgate Hill, EC 4 | U-Bahn: St Paul's | www.stpauls.co.uk | Mo–Sa 8.30–16.30 Uhr | Eintritt 20 £

8 ST MARY-LE-BOW K3

Nur wer in Hörweite ihrer Glocken, der berühmten **Bow Bells**, geboren ist, darf sich als echter »Cockney« bezeichnen, als echter Londoner. Architekt Sir Christopher Wren baute die Kirche nach dem »Großen Brand« von 1666 auf dem normannischen, bogenförmigen Gewölbe der Krypta (daher der Name *bow*) wieder auf. Nach erneuter Zerstörung durch einen Luftangriff 1941 wurde die Kirche restauriert und 1964 mit zwölf neuen Glocken eingeweiht.

City | Bow Lane, Cheapside, EC 2 | U-Bahn: Mansion House | www.stmarylebow.org.uk | Mo–Fr 7–18 Uhr

6 MERIAN EMPFEHLUNG

9 GUILDHALL K3

Das **Rathaus** ist seit fast 1000 Jahren Sitz der mächtigen »City of London Corporation«. Hier können die Anfänge Londons verfolgt werden. Die **Guildhall Galleries** umfassen die Great Hall von 1411, dekoriert mit den Wappen der zwölf Zünfte; die Guildhall Art Gallery und neue Heritage Gallery mit 4000 Gemälden und Schätzen aus der Geschichte der City; 2000 Jahre alte römische Überreste eines Amphitheaters für 7000 Zuschauer; die Guildhall Library mit 200 000 Büchern über die Stadtgeschichte und die Gemeindekirche St Lawrence Jewry, von Christopher Wren errichtet. Es gibt viele sehenswerte Statuen, darunter sind die beiden Riesen »Gog« und »Magog«, die als Beschützer der City gelten.

City | Gresham Street und Aldermanbury, EC 2 | U-Bahn: St Paul's | Tel. 0 20/73 32 37 00 | www.cityoflondon.gov.uk | Mai–Sept. tgl. 10–16.30, Okt.–April Mo–Sa 10–16.30 Uhr | Eintritt frei, manche Ausstellungen 5 £

⑩ MANSION HOUSE K3

Dieser prächtige Stadtpalast ist seit 1752 der offizielle Wohnsitz des **Lord Mayor**, Bürgermeister der City of London (nicht zu verwechseln mit dem Mayor of London, der über Groß-London bestimmt). Der Lord Mayor wird jedes Jahr im November gewählt und verfügt über seine eigene Gerichtsbarkeit und Polizei. Mansion House ist die einzige Privatresidenz in England mit eigenen Gefängniszellen, da es früher als Gericht diente. Sehenswert sind die **Harold Samuel Collection**, eine Kunstsammlung holländischer und flämischer Gemälde aus dem 17. Jh., und der Bankettsaal **Egyptian Hall**.

City | Walbrook, EC 4 | U-Bahn: Bank | Tel. 0 20/73 97 93 06 | www.cityoflondon.gov.uk | Führungen nur mit Voranmeldung Di 14 Uhr, 10 Min. vorher da sein | Eintritt 9,50 £ | im Aug. geschl.

⑪ LONDON STONE K3

Einer Legende nach geht London unter, wenn dieser 76 kg schwere **Stein** versetzt oder zerstört wird. Man glaubt, dass er aus der Römerzeit stammt und ein Teil des Fundaments von Londinium bildete. Shakespeare und Dickens erwähnten ihn, und angeblich war dies der Stein, in dem König Arthurs Schwert »Excalibur« steckte. Wegen Bauarbeiten in der Cannon Street wurde der Fels eine Zeit lang im Museum von London ausgestellt, ist aber seit 2018 wieder an seinem richtigen Platz in der Fassade eines modernen Bürogebäudes in 111 Cannon Street. Bisher folgte glücklicherweise kein Untergang.

City | 111 Cannon Street/St Swithin's Lane, EC 4

⑫ THE MONUMENT K3

Die 61 m hohe dorische Säule erinnert an den »Großen Brand« von London 1666. Sie steht genau 61 m von der Stelle in Pudding Lane entfernt, wo das Feuer ausbrach, und wurde von Sir Christopher Wren und Robert Hooke 1677 erbaut. Das Monument ist die höchste allein stehende Steinsäule der Welt. Die Spitze schmückt eine goldene Urne, aus der symbolische Flammen schießen. Wer die 311 Stufen erklimmt, den erwartet ein herrlicher Blick über London.

Der Tower of London, vom Süden aus gesehen. Vielfältig seine Funktion: Er diente als Gefängnis, Zoo und Residenz, als Waffenarsenal und Hinrichtungsstätte.

City | Fish Street Hill, EC 4 | U-Bahn: Monument | www.themonument.info | tgl. 9.30–17 Uhr | Eintritt 4,50 £

⑬ LONDON BRIDGE K3

In ihrer heutigen Gestalt ist die Brücke mindestens die dritte Konstruktion; sie stammt von Lord Holford und wurde 1973 fertiggestellt und von Königin Elizabeth II. ihrer Bestimmung übergeben. Doch die Stelle, an der die London Bridge die Themse überspannt, ist eine der ältesten und historisch interessantesten Londons. Die Römer bauten vor 2000 Jahren etwas weiter östlich eine Holzbrücke. 1209, unter Henry II., entstand die erste Steinbrücke. Häuser, Läden, sogar eine Kapelle standen auf dieser Brücke. 1831 wurde sie durch den Bau von John Rennie ersetzt, der dann 140 Jahre später Stein für Stein abgebaut und nach Arizona in Amerika verkauft wurde.

City | U-Bahn: London Bridge

MERIAN TOP 10

⑭ TOWER OF LONDON L3

Die mittelalterliche Trutzburg mit ihren Türmen, Zinnen und Schießscharten war, als Wilhelm der Eroberer sie 1078 bauen ließ, lediglich eine Holzkonstruktion. Die Fertigstellung des Towers zog sich über mehrere Jahrhunderte hin. Erst unter Edward I. (1272–1307) erfolgte die Umwandlung von der normannischen Festung zum mittelalterlichen **Schloss**, mit Wachtürmen über dem 38 m breiten Burggraben. Die gesamte Anlage war also bereits Anfang des 14. Jh. fertiggestellt.

Die Geschichte des Towers ist mit Gewalt, Blut und Tod geschrieben. »In den Tower geworfen werden« ist noch heute ein geflügeltes Wort in England.

Bis James I. den Thron bestieg, war der Tower Hauptwohnsitz englischer Könige. Weil er als sicher galt, wurde er auch als Schatzkammer, Waffenarsenal und Gefängnis genutzt. Seit 1994 sind die Kronjuwelen im **Jewel House** zu besichtigen (am besten als Erstes ansehen, um langes Anstehen zu vermeiden).

Wie zur Zeit Henry VII. 1485 wird die Burg von den *beefeaters*, den *Yeomen Warders*, in ihrer traditionellen Tudor-Uniform bewacht. Auch die »Ceremony of the Keys« (Schlüsselzeremonie) überlebte: Jeden Abend um 22 Uhr wird der Tower verriegelt. Die Fleischration der sieben **Raben** steht auf der offiziellen Ausgabenliste, denn der Sage nach würde der Tower einstürzen, wenn sie ihn verließen.

Sehenswert: das Traitor's Gate, der Wakefield Tower und vor allem der **Bloody Tower**, wo die Söhne von Edward IV. und Elizabeth Woodville, Edward und Richard, starben. Shakespeare hat den Kindermord in seinem Drama »Richard III.« aufgegriffen. Der Henker-Block ist auf dem Tower Green zu sehen. Im **White Tower** befindet sich die älteste Kirche Londons, die Chapel Royal of St John (1085) mit ihrer normannischen, fast schmucklosen Architektur. Im Café-Restaurant kann man sich anschließend von dem blutrünstigen Geschehen bei einer Tasse Tee erholen.

Tower Hill | EC 3 | U-Bahn: Tower Hill | www.hrp.org.uk | März–Okt. Di–Sa 9–17.30, So–Mo 10–17.30, Nov.–Feb. Di–Sa 9–16.30, So, Mo 10–16.30 Uhr | Eintritt 24,70 £

MERIAN TOP 10

 TOWER BRIDGE L4

Das Wahrzeichen Londons ermöglicht aus 42 m Höhe einen freien Blick über die Themse. Der **North Tower** führt zu verglasten Laufgängen, die durch einen Glasboden auch einen

Blick nach unten freigeben. Die Tower Bridge, bis 1991 die östlichste aller Themse-Brücken, wurde 1894 eröffnet und gilt bis heute als Meisterwerk viktorianischer Ingenieurskunst. Die gewaltige **Zugbrücke** kann innerhalb von 90 Sek. geöffnet werden. Im **Südturm** sind die alten Dampfmotoren zu sehen.

Tower Hill | Tower Bridge, SE 1 | U-Bahn: Tower Hill |
www.towerbridge.org.uk | April–Sept. tgl. 10–17.30, Okt.–März
tgl. 9.30–17 Uhr | Eintritt 9,80 £

🔟 BEVIS MARKS SYNAGOGUE L3

Die älteste Synagoge Großbritanniens wurde 1701 von sephardischen Juden gegründet, die der spanischen Inquisition entflohen waren. Beachtung verdienen die herrlichen Fenster, der Toraschrein und die sieben Bronzelüster. Auch heute noch gibt es Gottesdienste in Portugiesisch und Hebräisch.

City | Bevis Marks, EC 3 | U-Bahn: Aldgate | www.sephardi.org.uk |
Mo, Mi, Do 10.30–14, Di, Fr 10.30–13, So 10.30–12.30 Uhr |
Eintritt 5 £, Kinder 2,50 £

🔟 ST HELEN'S K3

»Westminster Abbey of the City« wird die größte Kirche im Finanzbezirk wegen ihrer vielen Grabmäler oft genannt. Im Jahre 1210 als Benediktinerinnenkloster gegründet, verfügte sie über zwei parallele Kirchenschiffe, eines für die Nonnen und eines für die Kirchengemeinde. William Shakespeare betete hier. Dienstags um 13 Uhr versammeln sich hier Banker und Makler aus der City zum Gottesdienst.

City | Great St Helen's, EC 3 | U-Bahn: Liverpool Street |
www.st-helens.org.uk | Mo–Fr 9.30–12.30 Uhr

Essen und Trinken

① *Zum Frühstück in die Krypta*
CAFÉ BELOW K3

Ein Besuch in diesem sehr beliebten, atmosphärischen Café in der Krypta der Kirche St-Mary-le-Bow wird von leckerer Hausmannskost zum Frühstück oder zum Mittagessen gekrönt.

City | Bow Lane, Cheapside, EC 2 |
U-Bahn: Mansion House |

Simpson's Tavern, ein bekanntes Chophouse, stillte bereits im 18. Jh. die fleischlichen Gelüste seiner Kunden, in Form von Braten, Steaks und saftigen Keulen.

Tel. 0 20/73 29 07 89 | www.cafebelow.co.uk | Mo–Fr 7.30–10, 11.30–14.30 Uhr | €

② Ältestes Chophouse der Stadt
SIMPSON'S TAVERN K3

Im Jahre 1757 konnten Kunden sich hier vom Fleisch so viel oder wenig »abhacken«, wie sie essen wollten, daher die Bezeichnung *chophouse*. Wie zu Dickens Zeiten werden auch heute noch traditionelle *pies*, Eintöpfe und Braten aufgetischt

City | Ball Court Alley, 38 1/2 Cornhill, EC 3 | U-Bahn: Bank | Tel. 0 20/76 26 99 85 | www.simpsonstavern.co.uk | Mo 12–15.30, Di–Fr 8.30–10.30 und 12–15.30 Uhr | €

③ Höhenflug in der City
DUCK & WAFFLE L2

Ein gläserner Fahrstuhl bringt Gäste in Sekundenschnelle in den 40. Stock des Heron Tower und in eines der höchstgelegenen Restaurants Großbritanniens. Wer nicht unter Höhenangst leidet, hat vom Duck & Waffle einen unvergleichlichen Blick über die Dächer Londons. Und das sieben Tage die Woche rund um die Uhr, vom Frühstück über Lunch und vom Afternoon Tee bis zum nächtlichen Snack.

City | Heron Tower, 110 Bishopsgate, EC 2 | U-Bahn: Liverpool Street | Tel. 0 20/36 40 73 10 | www.duckandwaffle.com | €€€

④ *Speisen in der Kapelle*
GALVIN LA CHAPELLE L2

Das Sternerestaurant in der 1890 erbauten prachtvollen St Botolph's Hall mit Bogenfenstern und der 30 m hohen Gewölbedecke ist ein unvergessliches Erlebnis, vollendet wird es durch die exzellenten französischen Gerichte der Brüder Galvin.

Spitalfields | 35 Spital Square, E 1 | U-Bahn: Liverpool Street | Tel. 0 20/72 99 04 00 | www.galvinrestaurants.com | Mo–Sa 12–14.30 und 18–22.30, So 12–15 und 18–21.30 Uhr | €€€€

Einkaufen

⑤ *Shopping mit Ausblick*
ONE NEW CHANGE J3

Mitten in Londons City, der Finanzwelt, sprießen gläserne Shopping-Paläste aus dem Boden. Diese Adresse in Cheapside bietet auf 20 000 m² Fläche mehr als 60 Geschäfte und Restaurants. Auf einer großzügig gestalteten Terrasse können Sie schöne Panoramablicke genießen – und befinden sich auf Augenhöhe mit der Kuppel der St Paul's Cathedral.

City | 1 New Change, EC 4 | U-Bahn: St Paul's | www. onenewchange.com | Mo–Mi, Sa 10–18, Di, Fr 10–20, So 12–18 Uhr

⑥ *Wo der Luxus zu Hause ist*
THE ROYAL EXCHANGE K3

Seit 1568 wurden hier finanzielle Transaktionen getätigt, jetzt dient das Gebäude mit glasüberdachtem Innenhof als Einkaufszentrum für Luxusgüter. Zweimal brannte der Komplex ab. Diese dritte Version wurde 1844 fertiggestellt und 2001 renoviert. Wie in der Bond Street findet man hier edle Schmuck- und Modegeschäfte sowie empfehlenswerte Restaurants.

City | Cornhill, EC 3 | U-Bahn: Bank | www.royalexchange.co.uk | Geschäfte: Mo–Fr 10–18 Uhr, Restaurants: Mo–Fr 8–23 Uhr

⑦ *Seit Jahrhunderten ein Markt*
LEADENHALL MARKET K3

Dieser bezaubernde glasüberdachte Markt besteht offiziell erst seit 1881, aber bereits im 14. Jh. wurden an dieser Stelle Wild, Geflügel und Käse, später auch Wolle

Kommt Ihnen dieser Anblick bekannt vor? Dann sind Sie ein Harry-Potter-Fan. In der Filmreihe um den Zauberlehrling war der Leadenhall Market die Winkelgasse.

und Leder verkauft. Gleich neben dem supermodernen Lloyd's Gebäude findet man elegante Modegeschäfte, Delikatessenläden, Vinotheken, Restaurants und Bars. Der Markt diente auch als Drehort für Szenen in der sogenannten Winkelgasse in den »Harry Potter«-Filmen.

City | Gracechurch Street, EC 3 | U-Bahn: Monument | www.cityoflondon.gov.uk | durchgehend zugänglich, unterschiedliche Öffnungszeiten

Abendgestaltung

⑧ *Bar und Garten in den Wolken*
SKY POD BAR K3
Schon wegen seiner unverwechselbaren Form ist der »Walkie Talkie« genannte Wolkenkratzer zwischen den ultramodernen Gebäuden in der City of London nicht zu übersehen. 155 m über den Dächern des berühmten Finanzbezirks aufragend, gibt es dort einen »Garten in den Wolken« zu entdecken und dazu die Sky Pod Bar, in der man Drinks und kleine Gerichte serviert. Hinter den riesigen Glasscheiben breitet sich das unvergleichliche Panorama Londons aus, das bei Sonnenuntergang besonders stimmungsvoll ist.

City | 20 Fenchurch Street, 1 Sky Garden Walk, EC3 | U-Bahn: Monument | Tel. 03 33/77 20 020 | http://skygarden.london | Mo–Do 7–24, Fr 7–1, Sa 8–1, So 8–24 Uhr | am besten im Voraus buchen

KNIGHTSBRIDGE, KENSINGTON UND HYDE PARK

Ein Dorf mit Schenken und Wäldern, in denen edle Ritter (knights) sich zu Duellen forderten, das war im 11. Jh. das heute so vornehme Knightsbridge, wo sich nur noch die Luxuskaufhäuser Harrods und Harvey Nichols Duelle liefern – um Kunden!

Im 16. Jh. belebten Shops und Pubs die Gegend, und zwei Jahrhunderte später entstanden die Knightsbridge Barracks, Kasernen für das Household Cavalry Mounted Regiment, die berittene Leibwache der Queen.

Im Hyde Park, aus dem Henry VIII. 1536 die dort lebenden Mönche vertrieb, sind heute die **Serpentine Galleries** und das **Albert Memorial** sowie gegenüber die eindrucksvolle **Royal Albert Hall** sehenswert. Etwas weiter westlich steht der **Kensington Palace**, in dem Königin Victoria (1819–1901) geboren wurde, und den Prinz William mit seiner Familie 2013 bezog. 1689 gab es hier schon mal einen William: William III. und seine Frau, Queen Mary, kauften das Country-Mansion und ließen es von Architekt Sir Christopher Wren umbauen. Queen Mary startete die Gestaltung der hübschen **Kensington Gardens**, der an den Hyde Park anschließt.

Knightsbridge ist als exklusives Wohn- und Geschäftsviertel bekannt, in dem Adlige, Prominente und Superreiche wohnen. Auch die Deutsche Botschaft ist hier ansässig. Doch man muss nicht schwerreich sein, um sich im weltberühmten Luxuskaufhaus Harrods umzuschauen.

Von Knightsbridge gelangt man Richtung Westen zu drei der wichtigsten Londoner Museen: dem 1852 gegründeten

Der Hyde Park war ehemals das (eingezäunte) Jagdrevier von Heinrich VIII. Benannt ist Londons grüne Lunge nach dem Landgut Manor of Hyde.

Victoria & Albert Museum (V&A), dem **Natural History Museum**, 1881 erbaut, und dem hochinteressanten **Science Museum**, das 1909 vom V&A abgekoppelt wurde.

Keinesfalls versäumen sollte man das beeindruckende **Brompton Oratory**, 1884 im italienischen Stil mit Statuen aus Sieneser Marmor gebaut.

Am Hyde Park entlang führt die Kensington Road zu der um das Jahr 1800 angelegten Kensington High Street. Ein weiteres Shoppingparadies. Rechts, in der Kensington Church Street reihen sich Antiquitätenläden aneinander, aber zu Beginn der Straße sollte man der Kirche **St Mary Abbots** einen Besuch abstatten.

Im Mai 2010 wurde Harrods von der Investmentgruppe Qatar Holding des Emirates Katar übernommen.

Sehenswertes

❶ ST MARY ABBOTS B4

Dieses Gotteshaus mit dem höchsten Kirchenturm Londons wurde erst 1872 von Sir George Gilbert Scott erbaut, doch standen an dieser Stelle schon seit dem 12. Jh. mehrere Kirchen. Zur Kirchengemeinde gehörten Persönlichkeiten wie der

weltberühmte Physiker Sir Isaac Newton und die Kinderbuchautorin Beatrix Potter.

Kensington | Kensington Church Street | U-Bahn: High Street Kensington | www.stmaryabbotschurch.org | Mo–Fr 7–18, Sa 9–18, So 7–19 Uhr

2 KENSINGTON PALACE B/C4

Der Palast wurde 1689 königlicher Wohnsitz für William III. und Mary II. und von Sir Christopher Wren umgebaut. Queen Victoria lebte hier in den Jahren 1819 bis 1837 und in neuerer Zeit Prinzessin Diana von 1981 bis 1997. Ihr Sohn, Prinz William, und seine Familie sind 2013 in das ehemalige Apartment von Prinzessin Margaret eingezogen.

Die **Staatsräume** können besichtigt werden. Sehenswert: die King's Gallery, das King's Staircase und die State Apartments, außerdem gibt es Wechselausstellungen. Prinz Charles entwarf die verschnörkelte grün-goldene Überdachung des Eingangs. Die funkelnde Lichtskulptur »Luminous Lace« be-

grüßt Besucher der Stone Hall, sie besteht aus 4 km Lichtkabeln und 12 000 Swarovski-Kristallen. Die Gärten vor dem Palast wurden 2012 neu angelegt und der Sunken Garden von 1908 völlig restauriert. Zum Afternoon Tea lädt der Kensington Palace Pavilion ein.

Kensington | Kensington Gardens | W 8 | U-Bahn: Queensway | Tel. 08 44/4 82 77 99 | www.hrp.org.uk | Sommer tgl. 10–18, Winter tgl. bis 16 Uhr | Eintritt 17,50 £

Afternoon Tea: kensingtonpalacepavilion.co.uk | tgl. 10–18, im Winter bis 16 Uhr

❸ HYDE PARK UND KENSINGTON GARDENS B–E3/4

Die Grünanlage, einst Jagdrevier von Henry VIII., die allgemein Hyde Park genannt wird, besteht eigentlich aus zwei Parks: Hyde Park und Kensington Gardens. Sie sind durch den West Carriage Drive getrennt und bilden zusammen den größten Park im Zentrum von London.

Der **Hyde Park** ist 141 ha groß. Im 18. und 19. Jh. war die Rotten Row an der Südseite die Flanierstrecke für morgendliche Reiter. Queen Caroline, Frau von George II., ließ den riesigen See **The Serpentine** 1730 anlegen. Ein Teil ist als Badesee abgegrenzt, und auf der Nordseite werden Tret- und Ruderboote vermietet. Südlich des Sees ist der ovale, flussartige **Diana Memorial Fountain** seit 2004 eine beliebte Attraktion. Nicht weit entfernt am Seeufer steht die 3 m große Bronzefigur der Isis, Göttin der Natur. Im Nordosten, nahe Marble Arch, verkünden engagierte Menschen sonntags ihre Ideale an **Speaker's Corner**, wie einst Karl Marx, Lenin und George Orwell. An der Ostseite wird der 52 Opfer der Terroranschläge vom 7. Juli 2005 mit der gleichen Anzahl von 3,50 m hohen Stelen aus Edelstahl gedacht. Ebenfalls sehenswert ist die 5,50 m große **Achilles-Statue**, sie wurde 1820 aufgestellt. Von hier sieht man das verschnörkelte, bunte **Queen Elizabeth Gate**, 1993 zum 90. Geburtstag der Königinmutter errichtet. Heute finden im Sommer regelmäßig Open-Air-Popkonzerte im Park statt, und im Winter verwandelt sich das Grün in ein »Winter-Wonderland« mit Eislaufbahn, Jahrmarkt und Cafés.

Ein ganz besonderer Anblick sind die Wachsoldaten der Queen, die morgens in ihren prächtigen Uniformen von den Hyde Park Barracks, südlich vom Park, zur Wachablösung in den Horse Guards reiten. Wochentags 10.28, So 9.28 Uhr.

Die **Kensington Gardens** sind mit 98 ha etwas kleiner. Das Land wurde 1689 von William III. vom Hyde Park als Privatgarten abgezweigt. 1728 legte Queen Caroline den Garten in seiner heutigen Form an. Erst im 19. Jh. wurde er für das Volk zugänglich. Hier sind einige Skulpturen sehenswert, besonders die zauberhafte »Peter Pan«-Figur von Sir George Frampton. Wunderschön ist auch die Brücke von John Rennie über den Serpentine-See. Unbedingt einen Besuch wert sind die **Serpentine Galerien** für zeitgenössische Kunst und Architektur. Der begeisterte Hobbygärtner Prinz Albert legte 1860 den hübschen italienischen Wassergarten an der Nordseite an. 2000 wurde in der Nordwest-Ecke der »Diana, Princess of Wales Memorial Playground« zum Andenken an die kinderliebe Prinzessin gebaut: ein großer Abenteuerspielplatz mit Piratenschiff, Indianerlager und Klettergerüsten. Vor dem

Das Albert Memorial wird von Skulpturengruppen flankiert, welche die vier Kontinente Europa, Asien, Afrika und Amerika darstellen: im Bild die afrikanische Gruppe.

Spielplatz entzückt der »Elfin Oak«, ein hohler Eichenstamm, in den kleine, bunte Märchenfiguren geschnitzt sind. Hier kann man sich in einem Freiluftcafé vom vielen Wandern ausruhen und eine kreative Pause einlegen.

Kensington | U-Bahn: Queensway, Lancaster Gate, Marble Arch, Hyde Park Corner, Knightsbridge oder High Street Kensington | www.royalparks.org.uk

④ THE SERPENTINE GALLERIES C/D4

Die Serpentine Gallery und die Serpentine Sackler Gallery liegen fünf Minuten voneinander entfernt auf den gegenüberliegenden Seiten des Serpentine Sees, nachdem sie benannt sind. Beide stellen zeitgenössische Kunst aus, von neuen Talenten wie auch von bekannten Künstlern wie Henry Moore, Gerhard Richter oder Wolfgang Tillmans. Jedes Jahr erregt die Serpentine Galerie in den Kensington Gardens Aufsehen mit einem neuen Sommerpavillon von bekannten Architekten.

Kensington | West Carriage Drive, Kensington Gardens, W 2 | U-Bahn: Lancaster Gate | www.serpentinegalleries.org | Di–So 10–18 Uhr | Eintritt frei

⑤ ALBERT MEMORIAL C4

Das 55 m hohe, reich verzierte Denkmal für den verstorbenen Prinzgemahl im Hyde Park, gegenüber der Royal Albert Hall, wurde im Auftrag der trauernden Königin Victoria 1872 von Sir

George Gilbert Scott im Stil der Neogotik entworfen. Prinz Albert starb mit nur 42 Jahren an Typhus. In der Hand hält der Prinz den Katalog der »Great Exhibition« (der ersten Weltausstellung), die er von Mai bis Oktober 1851 im Hyde Park veranstaltete. Dieses mit 187 Skulpturen von Komponisten, Dichtern und Malern geschmückte **Monument** steht auf einem kunstvoll gestalteten Sockel, umgeben von den Symbolfiguren der vier Kontinente Europa, Asien, Afrika und Amerika (→ S. 133). South Kensington | South Carriage Drive/Kensington Gore, SW 7 | U-Bahn: South Kensington

8 MERIAN EMPFEHLUNG

6 ROYAL ALBERT HALL C4

Königin Victorias geliebter Mann, Prinz Albert, hatte die Idee zu diesem schönen Rundbau, der im März 1871 eröffnet wurde und einem römischen Amphitheater nachempfunden ist. Außer den seit 1941 alljährlich veranstalteten Promenadenkonzerten von Juli bis September finden hier nicht nur klassische, sondern auch Rockkonzerte statt, außerdem Tennisspiele, Benefizveranstaltungen und Zirkusvorführungen. South Kensington | Kensington Gore, SW 7 | U-Bahn: South Kensington | Tel. 0 20/75 89 82 12 | www.royalalberthall.com

IM VORBEIGEHEN ENTDECKT

7 EXHIBITION ROAD

Vorsicht ist geboten beim Wandern auf der Exhibition Road durch Albertopolis, das Museumsviertel in Kensington. Zwischen dem Victoria & Albert Museum und dem Natural History Museum läuft von South Kensington bis zum Hyde Park eine lange sogenannte Mischverkehrsstraße. Das bedeutet, Fußgänger sowie Fahrzeuge sind hier gleichberechtigt. Breite diagonale Linien im Pflaster deuten darauf hin, dass ein Bürgersteig fehlt und erinnern Autofahrer daran, vorsichtig zu fahren. Trotzdem sollten Fußgänger achtgeben. Diese erste Mischverkehrsfläche Englands wurde 2012 eingerichtet.

8 SCIENCE MUSEUM C5

Es bietet einen Querschnitt durch die Wunder von Wissenschaft und Technik. Die Geschichte der Schiff- und Luftfahrt, die Welt der Mathematik, Medizin und Elektronik werden lebendig dargestellt. Neben den ersten Motoren, Dampfmaschinen und Flugzeugen kann man die Originalraumkapsel »Apollo 10« sehen. Hier ist auch das Clock Museum mit mehr als 1000 Uhren untergebracht.

Kensington | Exhibition Road, SW 7 | U-Bahn: South Kensington | www.sciencemuseum.org.uk | tgl. 10–17.15 Uhr | Eintritt frei

MERIAN EMPFEHLUNG

9 NATURAL HISTORY MUSEUM C5

Dem Besucher bietet sich hier ein unbeschreiblicher Reichtum zoologischer, botanischer, mineralogischer und paläontologischer Exponate, die im reich verzierten Terrakotta-Bau von Alfred Waterhouse in South Kensington einen würdigen Rahmen fanden. Der Grundstock des riesigen Museums stammt aus dem Besitz von Sir Hans Sloane, dessen Sammlungen 1753 das British Museum begründeten. Dazugekommen sind u. a. gewaltige Saurier- und Walskelette sowie die beeindruckende Nachbildung eines Blauwals in Lebensgröße. Heute erwecken animatronische Dinosauriermodelle die Exponate zum Leben. Im modernen **Darwin-Centre-Anbau** sind viele der 22 Mio. Insekten- und Pflanzenexemplare untergebracht. Eindrucksvoll ist der achtstöckige weiße »Cocoon«, in dem man die Wissenschaftler bei ihrer Arbeit beobachten kann, denn das Museum ist zugleich Forschungsstätte. Nicht verpassen sollte man den von April bis Oktober geöffneten hübschen Naturgarten.

Kensington | Cromwell Road, SW 7 | U-Bahn: South Kensington | www.nhm.ac.uk | tgl. 10–17.50 Uhr | Eintritt frei

10 VICTORIA & ALBERT MUSEUM D5

Mit 51 000 m² Ausstellungsfläche ist das zum Museum of the Year 2016 gekürte V&A weltweit eines der größten Museen für angewandte Kunst. Es wurde 1852 vom deutschen Prinzgemahl

Heile Familienwelt: Queen Victoria mit ihrem Ehemann Prinz Albert und ihren Kindern, auf Leinwand gebannt vom Porträtmaler Franz Xaver Winterhalter.

ALBERT VON SACHSEN-COBURG UND GOTHA

Der Prinzgemahl aus Deutschland

In den Kensington Gardens, einem der königlichen Parks, die Londons Herz wie ein Band durchziehen, erhebt sich an der südlichen Peripherie das markante Albert Memorial. 1872 wurde es zu Ehren von Albert von Sachsen-Coburg und Gotha, dem Gemahl Königin Victorias, enthüllt. Es war ihr ein Herzensanliegen, dem geliebten Gatten ein Denkmal zu setzen, der mit nur 42 Jahren an Typhus starb.

In goldener Pracht, unter einem Baldachin thronend, blickt der deutschstämmige Prinz auf »Albertopolis«, wie dieser Teil Kensingtons mit seinen vielen Kultur- und Bildungsstätten einst genannt wurde, denn hier förderte Albert Kunst, Bildung und Wissenschaft. Er war die Inspiration für die diversen Museen und Royal Colleges, die sich in der »Museumsmeile« um die Exhibition Road aneinanderreihen. 1852 ließ er das Victoria and Albert Museum bauen, das heute die weltweit größte Sammlung von Kunstgewerbe und Design besitzt. Hinzu kamen das **Natural History Museum**, das **Science Museum** und die **Royal Albert Hall**.

Das Denkmal von George Gilbert Scott spiegelt die vielen Interessen des Prinzgemahls wider, einen Titel, den man dem deutschen Prinzen eher unwillig erst im Jahre 1857 verlieh, 17 Jahre nachdem er seine drei Monate ältere Cousine Victoria geheiratet hatte. Auf seinem Sockel ist er umgeben von Skulpturen, die die vier Erdteile darstellen, Figuren aus Industrie, Technik und Landwirtschaft sowie einem Fries von 187 Protagonisten aus Kunst, Dichtung, Musik und Architektur. In seiner Hand der Katalog zur ersten Weltausstellung, die 1851 im Hyde Park im berühmten Crystal Palace ihre Pforten öffnete. Über sechs Millionen begeisterte Besucher nahmen teil, darunter Charles Darwin und Karl Marx.

>>Er hat England 21 Jahre lang mit einer Weisheit und einer Energie regiert, die keiner unserer Könige je an den Tag gelegt hat.<< Benjamin Disraeli (1804–1881), Premierminister aus viktorianischer Zeit

Für viele Menschen des damaligen Englands galt Albert als ein >>König ohne Krone<<. Da Königin Victoria fast ständig schwanger war (sie gebar ihrem Ehemann neun Kinder) übernahm der Prinz viele ihrer königlichen Aufgaben, war ihr kluger Berater und Privatsekretär.

Die temperamentvolle Viktoria (1819–1901) hatte sich schon beim zweiten Treffen in den deutschen Prinzen verliebt. Eine kleine, fast private Hochzeit folgte 1840 im St James's Palace. So bekam England einen deutschen >>Mitregenten<<, obwohl man sich bei Hofe sicher Anderes gewünscht hätte. An seiner Abstammung hielt der Prinz sein Leben lang fest. Er führte das >>deutsche<< Weihnachtsfest mit Tannenbaum ein und sprach mit seinen Kindern nur Deutsch.

Für seine Zeit gesehen war dieser ungewöhnliche Mann absolute Avantgarde – ein >>Modernisierer<<. Nach seinem frühen Tod am 14. Dezember 1861 – man ging damals davon aus, dass Albert an Typhus starb – verfiel Victoria in tiefe Depression und trug 40 Jahre lang nur Schwarz. Doch wenn die Briten den königlichen Visionär im berühmten Kuppelbau der Royal Albert Hall bei der >>Last Night oft the Proms<< zelebrieren, schaut Albert von seinem Denkmal aus zu.

Fashion in Motion: Liveshow des chinesischen Couturiers Guo Pei im V&A.

Albert ins Leben gerufen. 1899 legte Königin Victoria den Grundstein für das heutige Gebäude, das Kunstgewerbesammlungen aus aller Welt beherbergt.

Einige der großen Museen und Kunstgalerien sind an einem Tag im Monat oder sogar wöchentlich bis spätabends geöffnet. Im V&A kann man jeden Freitag in Ruhe und ohne Menschenmengen Kunst und Geschichte studieren.

Kensington | Cromwell Road, SW 1 | U-Bahn: South Kensington | www.vam.ac.uk | tgl. 10–17.45, Fr bis 22 Uhr | Eintritt frei

10 ◀ MERIAN EMPFEHLUNG

⑪ BROMPTON ORATORY D5

Die zweitgrößte katholische Kirche Englands ist der römischen Kirche Il Gesù nachempfunden. Sie wurde 1884 errichtet, erscheint aber älter, teils wegen des italienischen Renaissancestils, aber auch weil viele ihrer Kunstschätze aus dem 17. Jh. stammen. Sonntags um 11 Uhr wird eine lateinische Messe zelebriert. 1926 heiratete hier Filmregisseur Alfred Hitchcock.

Ein besonders festlicher Genuss, nicht nur für Liebhaber der Werke Johann Sebastian Bachs, sind die regelmäßigen Orgelkonzerte und Liederabende.

Knightsbridge | Brompton Road, SW 7 | U-Bahn: South Kensington |
Tel. 0 20/78 08 09 00 | www.bromptonoratory.co.uk | tgl. 6.30–20 Uhr |
Eintritt frei, Spenden erwünscht

⑫ ST PAUL'S CHURCH KNIGHTSBRIDGE E4

Eines der schönsten viktorianischen Gotteshäuser Londons.
Die Kirche wurde 1843 errichtet, und der Duke of Wellington
gehörte zur Kirchengemeinde. Lady Randolph Churchill, Mutter von Winston, heiratete 1900 hier zum zweiten Mal. Sogar
die Königinmutter und ihre Töchter, Elizabeth und Margaret,
kamen ab und zu zum Gottesdienst, da die Kirche nicht weit
entfernt vom Buckingham Palace liegt.
Knightsbridge | 32a Wilton Place, SW 1 | U-Bahn: Knightsbridge |
www.stpaulsknightsbridge.org | tgl. 9–18.30 Uhr

⑬ APSLEY HOUSE E4

Einst die erste Adelsresidenz am Hyde Park und deshalb schlicht
»No. 1 London« genannt. Das prunkvolle Gebäude, 1778 für
Baron Apsley erbaut, wurde 1817 nach seinem Sieg über Napoleon der Wohnsitz des Herzogs von Wellington. Davon zeugt
auch der Wellington Arch, der neben Apsley House errichtet
wurde, jetzt aber in der Mitte von Hyde Park Corner steht.
Mayfair | 149 Piccadilly, W 1 | U-Bahn: Hyde Park Corner |
www.english-heritage.org.uk | Mi–So 11–17, Nov.–März Sa,
So 11–17 Uhr | Eintritt 10,50 £

Essen und Trinken

① Seltene Spezialitäten
BOMBAY BRASSERIE C5

Der Gast tritt hier eine kulinarische Reise durch diverse
Provinzen Indiens an. Und
das in prächtigem Ambiente,
eine Mischung aus Palast
und altindischem Grand-
hotel. Nicht umsonst zieht
dieses Restaurant seit Jahren Prominente an. Mittags
Lunchbüfett.
South Kensington | 140 Courtfield
Road, SW 7 | U-Bahn: Gloucester
Road | Tel. 0 20/73 70 40 40 |
www.bombayb.co.uk |
Di–Fr 12–14.30, Sa, So 12–15.30,
Mo–Fr 17.30–23, Sa 18–23,
So 18.30–22.30 Uhr | €€€

② *Viel mehr als nur Sushi*
ZUMA D4

Das Ambiente ist ein gelungener Mix aus Ost und West, wo man mit Granit und Holz einen harmonischen Rahmen schuf. Kein Wunder, dass bei so viel glitzernder Innenausstattung auch Gäste mit Glamour angezogen werden. Traditionelles und Modernes aus der japanischen Küche sind geschickt vereint.

Knightsbridge | 5 Raphael Street, SW 7 | U-Bahn: Knightsbridge | Tel. 0 20/75 84 10 10 | www.zumarestaurant.com | Mo–Sa 12–15 und 18–23, So bis 15.30, 18–22.30 Uhr | €€€€

③ *Treff der »beautiful people«*
THE FIFTH FLOOR RESTAURANT E4

Im 5. Stock des luxuriösen Kaufhauses Harvey Nichols (im Volksmund »Harvey Nicks«) zu speisen ist schon sehr schick. Außerdem bekommt man hier eine ganz besondere Londoner Spezies zu Gesicht: »the ladies who lunch«, sehr gut betuchte Damen mit Chauffeur und Nanny, die sich hier zwischen Gym und Shoppen mit ihren

Freunden treffen. Menü und Dekor wechseln ständig, den Jahreszeiten und neuesten Trends entsprechend.

Knightsbridge | Harvey Nichols, 109–125 Knightsbridge, SW 1 | U-Bahn: Knightsbridge | Tel. 0 20/72 35 52 50 | www.harveynichols.com | Mo–Sa 8–23, So 11–18 Uhr | €€

Einkaufen

④ *Ausgefallene Mitbringsel*
V&A MUSEUM SHOP D5

Aparte Geschenke kann man zwar in allen Museumsshops finden, aber besonders schöne Mitbringsel bietet der Souvenirladen des V&A, oft orientiert an aktuellen Ausstellungen: darunter originell designte Seidenschals, Silberschmuck, T-Shirts, Bildbände, Taschen und praktische Schreibutensilien.

Knightsbridge | Victoria & Albert Museum, Cromwell Road, SW 7 | U-Bahn: South Kensington | www.vam.ac.uk

⑤ *Luxus in Reinform*
HARRODS D4/5

»Omnia, Omnibus, Ubique – Jedem alles überall«, so lautet seit 1889 der Leitspruch dieses Kaufhauses, das auf sieben Etagen puren Luxus anpreist. Ob Möbel, Designermode oder Spielzeug – es gibt nichts, was Harrods nicht führt, und die atemberaubende Lebensmittelabteilung sollte man sich unbedingt ansehen.

Knightsbridge | 87–135 Brompton Road, SW 1 | U-Bahn: Knightsbridge | www.harrods.com | Mo–Sa 10–21, So 12–18 Uhr

⑥ Wo »Lady Di« bevorzugt einkaufte
HARVEY NICHOLS E4

Das Luxus-Kaufhaus wurde 1813 gegründet und war einst Prinzessin Dianas liebste Einkaufsstätte. Auf fünf Etagen verteilt findet man Modisches und Schickes aus aller Welt.

Knightsbridge | 109–125 Knightsbridge, SW 1 | U-Bahn: Knightsbridge | www.harveynichols.com | Mo–Sa 10–20, So 12–18 Uhr

Abendgestaltung

⑦ Kühl, elegant und dennoch behaglich
BLUE BAR E4

»Lutyens Blue« heißt die Farbe, die Innenarchitekt David Collins für diese aparte, klei-

ne Cocktailbar im Hotel The Berkeley wählte. Und trotz der kühlen Farbe und der eleganten Umgebung ist es hier äußerst gemütlich, zu einem großen Teil ist das auch den freundlichen Obern in den blütenweißen Smokings zu verdanken.

Knightsbridge | The Berkeley, Wilton Place, SW 1 | U-Bahn: Hyde Park Corner | Tel. 0 20/72 35 60 00 | Mo–Sa 12–1, So 12–23 Uhr

⑧ Ehemalige Offiziersmesse
THE GRENADIER E4

Das rote Wachhäuschen am Eingang zeugt noch von der Vergangenheit des Hauses als ehemalige Offiziersmesse. Hier feierten einst die Obristen des Herzogs von Wellington seinen Sieg über Napoleons Franzosen in Waterloo. Das Gespenst eines Grenadiers, der beim Kartenspielen betrog, soll immer noch ziellos durch die Räume geistern. Der Pub liegt zwar etwas abgelegen, aber das macht die behagliche Atmosphäre wieder wett.

Belgravia | 18 Wilton Row, SW 1 | U-Bahn: Hyde Park Corner | Tel. 0 20/72 35 30 74 | €

CHELSEA UND PIMLICO

Einst Wohngegend bedeutender Künstler und später berühmter Rockstars und für revolutionäre Veränderungen in der Mode bekannt, gibt man sich heute in Chelsea deutlich gediegener. In Pimlico ist das Kunstmuseum Tate Britain zu Hause.

»Swinging London«, Mode und Rockstars, das spielte sich in Chelsea vor mehr als 40 Jahren ab. Trotzdem hat der Stadtteil immer noch seine Reize: Der 1868 angelegte Sloane Square, das Herzstück der Gegend, wird vom Edelkaufhaus Peter Jones, vom Royal Court Theatre und noblen Läden eingerahmt.

Richtung Norden blickt man auf die **Sloane Street** mit ihren Boutiquen, weiter östlich liegt der elegante **Eaton Square**, Wohngegend ehemaliger Premierminister wie Neville Chamberlain oder Margaret Thatcher. Vom aristokratischen Belgravia gelangt man südlich nach Pimlico mit seinen exklusiven Läden wie etwa Linley, dem Möbelgeschäft des Queen-Neffen David Linley, Earl of Snowdon.

Durch Chelsea zieht sich vom Sloane Square bis zur Putney Bridge die endlos lange **King's Road**. Sie ist die Straße eines Königs, denn Charles II. ließ hier für sich zur Wegabkürzung von Westminster nach Hampton Court einen Privatweg durch das damalige Fischerdorf Chelsea anlegen. Erst nach 1830 durften ihn auch die Anlieger gegen eine Gebühr benutzen.

Gleich links geht es zum Shoppingcenter **Duke of York Square** mit seinen Boutiquen, Brasserien und der modernen **Saatchi Gallery**. Die Cheltenham Terrace führt zu dem im Jahre 1682 von George II. erbauten **Royal Hospital Chelsea**, einem Altersheim für verdiente Soldaten. Man erkennt die

Die King's Road, eine beliebte Einkaufsstraße. Hier gibt es Läden für jeden Geldbeutel und Geschmack: von Vintageklamotten bis hin zur teuren Designermode.

»Chelsea Pensioners« an ihren scharlachroten Uniformen. Auf
diesem Gelände findet alljährlich die beliebte »Chelsea Flower
Show« statt.

In der King's Road Nr. 138 hatte Modeschöpferin Mary
Quant in den 1960er-Jahren ihre Boutique, von der der Mini-
rock den Siegeszug in die ganze Welt antrat. Das Chelsea Potter Pub, an der Ecke zur Radnor Street, wurde 1720 gegründet.

Modeschöpferin Vivienne Westwood gehört zur Geschichte der King's Road ebenso wie Mick Jagger, Keith Richards
oder Eric Clapton. Auch Charles
Dickens lebte (und heiratete 1836)
hier, genauso wie der schottische
Philosoph Thomas Carlyle (1795 bis
1881) und der Augsburger Maler
Hans Holbein d. J. (1497/98–1543).

»Mode braucht frisches
Blut, und London ist der
kreativste Ort dafür.«
Donatella Versace (1955)

In der Straßenzeile **Cheyne Walk** verdienen die Häuser der
Maler Dante Gabriel Rosetti (1828–1882), J. M. Whistler
(1834–1903) und J. M. W. Turner (1775–1851) Beachtung. In
der Nähe liegt der 1673 von der »Gilde der Apotheker« angelegte Chelsea Physic Garden. Auch die teils aus normannischer
Zeit stammende **Chelsea Old Church** ist sehenswert und
überdies eng verbunden mit Sir Thomas More (1478–1535),
dem Schatzkanzler Henry VIII. Sein Denkmal steht am
Cheyne Walk.

SEHENSWERTES

1 Brompton Cemetery
2 Chelsea Old Church
3 Carlyle's House
4 St Luke's Church
5 Chelsea Physic Garden
6 The Royal Hospital Chelsea
7 Saatchi Gallery
8 Duke of York Square ⚑
9 Tate Britain ★

ESSEN UND TRINKEN

1 Medlar
2 The Chelsea Cellar
3 The Five Fields

EINKAUFEN

4 Design Centre Chelsea Harbour
5 Vivienne Westwood World's End
6 Patrick Mavros
7 Peter Jones

Sehenswertes

1 BROMPTON CEMETERY B6

Der 16,5 ha große Friedhof wurde 1840 angelegt und umfasst 35 000 Grabmäler und etliche großartige Mausoleen. Angesehene Persönlichkeiten wurden hier begraben, z. B. Schachmeister Johannes Zukertort (1888) und die berühmte Suffragette Emmeline Pankhurst (1929).

Fulham | Fulham Road oder Old Brompton Road |
U-Bahn: Fulham Broadway, West Brompton | www.royalparks.org.uk |
ab 7 Uhr bis Sonnenuntergang | Eintritt frei

2 CHELSEA OLD CHURCH D6

Einer Legende nach ist die kopflose Leiche von Sir Thomas More hier begraben. Den Anwalt, Staatsmann und Heiligen

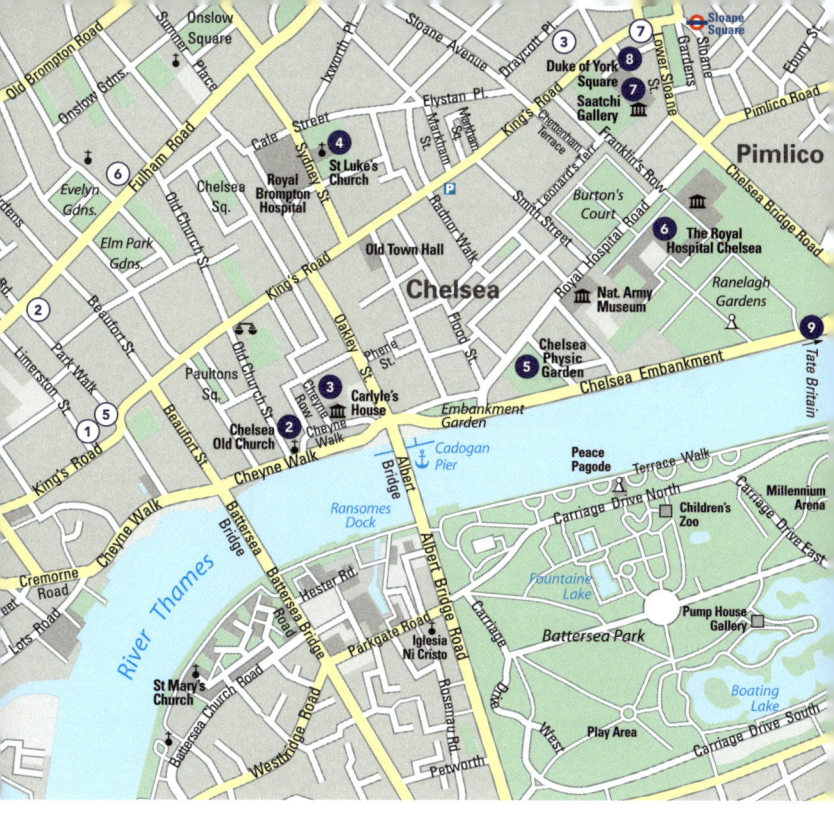

ließ Henry VIII. köpfen und seinen Kopf auf der London Bridge aufspießen, weil er die Abkehr seines Königs von Rom nicht guthieß. Diese Kirche besteht bereits seit 1157 und ist auf vielen Gemälden berühmter Maler verewigt, u. a. von Whistler und Turner. Der irische Wissenschaftler und Sammler Sir Hans Sloane vermachte der Kirche wertvolle Bücher.
Chelsea | Old Church Street, SW 3 | U-Bahn: South Kensington | www.chelseaoldchurch.org.uk | Di, Mi, Do 14–16 Uhr | Eintritt frei, Spenden erwünscht

③ CARLYLE'S HOUSE D6

In einer versteckten Seitenstraße wohnten der schottische Philosoph und Historiker Thomas Carlyle (1795–1881) und seine Frau Jane, die als beste Briefschreiberin Englands gilt. Das Haus, in dem Charles Dickens und Alfred Tennyson ein- und ausgingen, wurde 1895 für Besucher eröffnet. Es ist noch so erhalten wie zu seinen Lebzeiten: eine Erinnerung an die viktorianische Ära.

Chelsea | 24 Cheyne Row, SW 3 | U-Bahn: South Kensington | Tel. 0 20/73 52 70 87 | www.nationaltrust.org.uk/carlyles-house | März–Okt. Mi–So 11–17 Uhr | Eintritt 8 £

④ ST LUKE'S CHURCH D6

Die Chelsea Old Church wurde zu klein für die wachsende Einwohnerzahl, daher baute man 1824 die St Luke's Church. Sie wird als eine der schönsten neugotischen Kirchen Londons angesehen. Das Kirchenschiff ist über 18 m hoch, der Kirchturm 43 m. Schriftsteller Charles Dickens heiratete hier 1836 Catherine Hogarth.

Chelsea | Sydney Street, SW 3 | U-Bahn: South Kensington | www.chelseaparish.org | Mo–Fr 9–16.30 Uhr

⑤ CHELSEA PHYSIC GARDEN D6

Der älteste botanische Garten Londons wurde 1673 von der Apothekergilde zu Studienzwecken angelegt. Hier werden auch heute seltene, vom Aussterben bedrohte Pflanzen und Kräuter gezogen. In der Mitte des Gartens steht ein **Standbild von Sir Hans Sloane**, dem »Wohltäter von Chelsea«, der den Garten 1722 finanziell rettete. Uralte Bäume beeindrucken in dieser Oase genauso wie der erste 1772 angelegte Steingarten.

Chelsea | Swan Walk, SW 3 | U-Bahn: Sloane Square | www.chelseaphysicgarden.co.uk | April–Okt. So–Fr 11–18, Nov.–März Mo–Fr 11–16 Uhr | Eintritt 11 £, im Winter 7,50 £

⑥ THE ROYAL HOSPITAL CHELSEA E6

Das Altersheim für Kriegsveteranen wurde 1682 von Charles II. gegründet und das Gebäude von Sir Christopher Wren erbaut. Um die 300 »Chelsea Pensioners« leben hier. Man erkennt sie an ihren scharlachroten Uniformen. Seit 2009 nimmt es auch weibliche Kriegsveteranen auf. Teile des Gebäudes und ein Museum können besichtigt werden. Beachtung verdienen besonders die Chapel, Great Hall und der Figure Court.

Chelsea | Royal Hospital Road, SW 3 | U-Bahn: Sloane Square |
www.chelsea-pensioners.co.uk | Mo–Fr 10–16 Uhr | Eintritt frei

❼ SAATCHI GALLERY E5

Der ehemalige Werbemagnat und Kunstliebhaber Charles
Saatchi fördert junge britische Künstler wie Damien Hirst und
Tracey Emin. In dem Gebäude von 1801 hat Saatchis Kunst-
sammlung auf 6500 m² einen würdigen Rahmen gefunden.
Chelsea | Duke Of York's HQ, King's Road, SW 3 | U-Bahn: Sloane
Square | www.saatchigallery.com | tgl. 10–17.30 Uhr

MERIAN EMPFEHLUNG

❽ DUKE OF YORK SQUARE E5

Elegante Oase zum Einkaufen, Essengehen und Leute beobachten. 5 Min. vom Sloane Square entfernt, schräg gegenüber von Peter Jones, locken über 30 Boutiquen und Geschäfte, hinzu kommen sechs Restaurants und Cafés. Hier trifft man
die »Sloane Rangers«, die Schickeria dieser Gegend. Liebhaber
moderner Kunst kommen in der Saatchi Gallery auf ihre Kosten, wo sich im Gallery Mess Restaurant schick speisen lässt.
Chelsea | King's Road, SW 3 | U-Bahn: Sloane Square | www.dukeofyork
square.com | Mo–Fr 10–21, Sa 9–20, So 11.30–18 Uhr

MERIAN TOP 10

❾ TATE BRITAIN G5

Die 1892 erbaute ursprüngliche Tate Gallery beherbergt britische Kunst von 1500 bis heute, aber auch internationale moderne Maler. 70 000 Kunstwerke von über 3000 Künstlern sind
hier ausgestellt, von Gainsborough bis Damien Hirst. Als radikale, neue Idee arrangiert die Tate Britain rund 500 ihrer
Kunstwerke chronologisch und nicht mehr thematisch.
Pimlico | Millbank, SW 1 | U-Bahn: Pimlico | www.tate.org.uk |
tgl. 10–18 Uhr | Eintritt frei |
Tate-to-Tate: Der Bootsservice verbindet die Tate Britain mit der Tate
Modern, alle 20–30 Min., Ticket 8,70 £

Der Maler des Lichts

Etwa 16 Kilometer südwestlich von London liegt die Anhöhe Richmond Hill in still-romantischer Natur der Grafschaft Surrey und öffnet dem Besucher ganz sacht das Arkadien an der Themse. Von hier fällt der Blick auf die Themseschleife, eine Aussicht, die seit 1902 als einzige Englands gesetzlich geschützt ist. Dieser göttliche Blick darf nicht verbaut werden.

Die landschaftliche Schönheit des eleganten Vororts **Richmond** inspiriert seit Jahrhunderten Maler, Dichter und Schriftsteller zu poetischen Werken. Wen wundert das bei diesem Blick auf einen glitzernden, vielleicht in tief stehender Abendsonne liegenden Fluss, den kleine Inseln durchziehen, und der von Wiesen, Gehölzen und Gartenlandschaften gesäumt ist?

Genauso mag es **Joseph Mallord William Turner** (1775 bis 1851), einer der berühmtesten Maler Englands, gesehen haben. Er konnte sich diesem Bild ein Leben lang nicht entziehen. Immer wieder wird die Themse bei Richmond Hill zum Sujet seines künstlerischen Schaffens, wie im Gemälde »Richmond Hill, on the Prince Regent's Birthday« (1819). Er war so angetan von diesem Naturparadies, dass er sogar für einige Jahre nach Twickenham zog. Nur eine Meile von Richmond entfernt kann sein Haus Sandycomb Lodge besichtigt werden.

Turners lichtdurchflutete Gemälde können in der **Tate Britain** Kunstgalerie intensiv studiert werden. Seit 1987 ist die **Clore Gallery** die weltweit größte Sammlung seiner Werke. In neun bemerkenswert gestalteten Räumen und immer wieder neuen Ausstellungen verzaubert hier der Turner-Nachlass von ungefähr 300 Gemälden sowie mehr als 20 000 Zeichnungen und Aquarellen. Eines seiner bekanntesten Werke »Die letzte Fahrt der Temeraire« hängt allerdings – entgegen Turners Wünschen – in der National Gallery.

Kunst britischer Maler vom 16. bis ins 21. Jahrhundert und der klassischen Moderne ab 1880 fasziniert in den farbig getönten Sälen der Tate Britain. Architekt Sidney R. J. Smith kreierte

Richmond Hill, wie William Turner ihn sah. Heute zu bewundern in der Tate Britain.

das beeindruckende neoklassizistische Gebäude mit dem über-
krönten Säuleneingang in Millbank an der Themse. Es wurde
nach seinem Gründer, dem Zuckerfabrikanten **Sir Henry Tate**
benannt. Sehenswert sind hier Ge-
mälde der großen englischen Maler
wie Constable, Whistler und Reynolds, aber eins der berühmtesten
Stücke stammt von William Hogarth.

J.M.W Turner, der »Maler des
Lichts«, ist in Covent Garden geboren und studierte bereits im Alter
von 14 Jahren an der Royal Academy

»Undeutlichkeit ist meine
Stärke. Ich male nicht so,
dass die Menschen mich
verstehen, ich male, um zu
zeigen, wie eine besondere
Szene aussieht.«
William Turner (1775–1851)

of Arts. Später reiste er viel und malte in Orten wie Paris und
Venedig, doch die Themse zog ihn immer wieder magisch an.
18 Jahre lang, bis zu seinem Tod, lebte der Künstler in Cheyne
Walk, Chelsea (No. 119).

Wie hat er – der so oft Angefeindete – die Kunstszene seiner
Epoche durcheinandergewirbelt mit seinen schattenhaften Su-
jets von Stadt, Land, Wasser und Himmel, die vielleicht gerade
wegen dieser »Vorläufigkeit« einen eigenwilligen Sog auf den
Betrachter ausüben.

Einen Tag nach der Beisetzung Turners in St Paul's Cathedral schrieb die »Times«: »Selbst jene, die über die lodernde
Glut seiner Farben nur spotten konnten, verharrten minuten-
lang vor dem letzten unverständlichen Turner an den Wänden
der Royal Academy, und der erste Name, den Kritiker, Künstler und Liebhaber im Katalog nachschlagen, war der seine.«

Essen und Trinken

① *Spitzenklasse*
MEDLAR C6

»Fast zu gut, um wahr zu
sein«, so wird dieses Restaurant am Ende der King's Road
von Gastrokritikern gelobt.
Und das ist auch das Ziel der
Besitzer: ausgezeichnetes Essen, erstklassiger Service, und
das in entspannter Atmo-
sphäre und zu zivilen Preisen.
Chelsea | 438 King's Road, SW 10 |
U-Bahn: Fulham Broadway |
Tel. 0 20/73 49 19 00 |
www.medlarrestaurant.co.uk |
tgl. 12–15, 18.30–21.30 | €€€

② *Romantisch*
THE CHELSEA CELLAR D6

Dieses urige italienische Restaurant ist in kurzer Zeit zum
Liebling von Chelsea geworden und kredenzt exzellente
Gerichte aus Apulien. Alles
aus den frischesten saisonalen Zutaten, dazu eine enorme Auswahl guter Weine aus
der Region, die sogar äußerst
erschwinglich sind.
Chelsea | 9 Park Walk, SW 10 |
U-Bahn: South Kensington |
Tel. 0 20/73 51 49 33 |
www.thechelseacellar.co.uk |
Di–Sa 17–24 Uhr | €€

③ *Kunstvoll*
THE FIVE FIELDS E4

Die Kunstwerke, die hier serviert werden, sind fast zu
schön, um sie aufzuessen,
doch dieses Geschmackser-
lebnis sollte man sich nicht
entgehen lassen. Der Name
weist auf die fünf Felder hin,
die im 18. Jh. Chelsea aus-
machten, aber auch auf die
Gemüsegärten auf dem Lan-
de, aus dem das Restaurant
seine köstlichen frischen Zutaten bezieht. Das elegante
Sternerestaurant wurde zu einem der 100 Toprestaurants
Großbritanniens gewählt.
Chelsea | 8–9 Blacklands Terrace,
SW 3 | U-Bahn: Sloane Square |
Tel. 0 20/78 38 10 82 | www.
fivefieldsrestaurant.com | Do–Sa
12–14, Di–Sa 18.30–22 Uhr | €€€€

Einkaufen

④ *Couture fürs Heim*
DESIGN CENTRE CHELSEA HARBOUR südl. C6

Ein Paradies für Interior De-
sign-Liebhaber, die sich über
die neuesten Wohntrends informieren wollen. Das große
Zentrum liegt in einem Lu-
xuswohngebiet mit Jachtha-

fen an der Themse und ist etwas schwer zu finden, doch der Weg lohnt sich. Unter drei Glaskuppeln findet man Inspiration in 120 Ausstellungsräumen, die 600 Luxusmarken vertreten.

Chelsea | Lots Road, SW 10 | Bahn: Imperial Wharf | www.dcch. co.uk | Mo–Fr 9.30–17.30 Uhr

⑤ Alles etwas schräg
VIVIENNE WESTWOOD WORLD'S END E5

Den kleinen unbedeutenden Laden der Punk-Modeschöpferin könnte man fast übersehen, wäre da nicht die riesige Uhr an der Fassade, die rückwärts läuft! Erst dann bemerkt man die schrägen Stufen, die zur Eingangstür führen. Auch im Laden selbst ist alles schief, denn für ihre »Piraten-Kollektion« ließ Westwood das Geschäft in ein Piratenschiff umbauen. Und so ist es geblieben. Seit 1970 verkauft Westwood hier ihre schrulligen Modeartikel mit politischen Slogans.

Chelsea | 430 King's Road, SW 10 | Bus 11, 19, 22 von U-Bahn Sloane Square | Tel. 0 20/73 52 65 51 | www.viviennewestwood.com | Mo–Sa 10–18, Do 10–19 Uhr

⑥ Kunsthandwerk aus Holz und Silber
PATRICK MAVROS C6

Der Laden des rhodesischen Künstlers Patrick Mavros ist eine Art Geheimtipp für exklusive handgefertigte afrikanische Holz- und Silberfiguren sowie edlen Schmuck! Die Prinzen William und Harry, beide begeisterte Afrika-Fans, kaufen hier ein.

Fulham | 104–106 Fulham Road, SW 3 | U-Bahn: South Kensington | www.patrickmavros.com | Mo–Sa 10–19, So 12–17 Uhr

⑦ Luxuriöses Kaufhaus
PETER JONES E5

1877 fing der Waliser Peter Jones hier in Nummer 4–6 King's Road an. Inzwischen umfasst das riesige Kaufhaus, in dem die Herzogin von Cambridge gern einkauft, einen gesamten Häuserblock. Das heutige Gebäude wurde 1936 erbaut und bietet auf sieben Stockwerken ein umfangreiches Warensortiment, von Mode bis Schmuck und Haushaltswaren.

Chelsea | Sloane Square, SW 1 | U-Bahn: Sloane Square | www.peterjones.co.uk | Mo–Sa 9.30–19, Mi bis 20, So 12–18 Uhr

NOTTING HILL, HOLLAND PARK UND BAYSWATER

Die Hauptattraktion ist der berühmte Antiquitätenmarkt, aber auch der Notting Hill Carnival im August zieht viele Touristen an. In Bayswater gibt es viele kleine Hotels, und der Stadtteil Holland Park gilt als vornehme Wohngegend.

Am interessantesten ist die Bayswater Road sonntags, wenn Künstler aller Stilrichtungen ihre Werke an den Zäunen zum Hyde Park aufhängen, sodass man eine kostenlose Kunstgalerie abwandern kann. Meistens sind die Maler ebenfalls da, bereit für Diskussionen über Inhalt und Preise.

Die Bayswater Road liegt zwischen Notting Hill und Oxford Street und besteht überwiegend aus kleinen Hotels und zahllosen B&B's. Notting Hill verbindet man unwillkürlich mit dem weltbekannten **Antiquitätenmarkt** in der Portobello Road und dem farbenprächtigen **Notting Hill Carnival**, den die hier ansässigen afrokaribischen Einwohner seit 1966 jedes Jahr am letzten Augustwochenende veranstalten.

Bei Notting Hill denkt man sofort an den gleichnamigen Film mit Julia Roberts und Hugh Grant, der in 142 Portobello Road in einem fiktiven Reisebuchladen gedreht wurde.

Dabei war diese Gegend noch im 19. Jh. ein ländlicher Flecken mit Schweinezucht und Lehmgruben. Als ein Bauboom in viktorianischer Zeit den Wohnungsmangel in Londons Westend entlasten sollte, fand man hier genug neues Bauland, und es entstanden die typischen halbrunden Straßenzüge, genannt *crescents*, die anspruchsvolle Käufer anzogen.

Pubs, Cafés und ein buntes Straßenbild: In Notting Hill pulsiert das Leben.

Der Vergleich mit den Wohnbedingungen im östlichen Notting Hill hätte aber kaum gegensätzlicher ausfallen können. Hier gab es noch echte Elendsviertel, in denen sich viele Einwanderer aus der Karibik angesiedelt hatten. 1958 kam es zu bösen Ausschreitungen, die als »Nottinghill Riots« (Krawalle) in die Geschichte Londons eingingen. Heute sind Notting Hill und Holland Park als Wohngegend äußerst begehrt. Die künstlerische Atmosphäre gefällt besonders Rockstars und Prominenten wie (einst) Jimi Hendrix oder heute Regisseur Sir Kenneth Branagh. Shoppen kann man in den vielen kleinen Seitenstraßen der **Portobello Road**, wie z. B. im Blenheim Crescent. Auch die Verlängerung des Antiquitätenmarkts bis hin zum Westway bietet noch eine Fülle an Street Fashion, Secondhand-Mode und Kunsthandwerk.

Den romantischen **Holland Park** sollte man auf jeden Fall erkunden. Weit entfernt vom Getümmel der Portobello Road lässt es sich hier unter schattigen Bäumen entspannen.

Sehenswertes

❶ LEIGHTON HOUSE A5

Das Haus wurde im Jahre 1865 von dem viktorianischen Maler Frederic Leighton gebaut, der sich damit einen persönlichen Wunsch erfüllte: Denn hinter der schlichten Fassade verbirgt sich ein exotisches Interieur im maurischen Stil. Einen Höhe-

punkt bildet die »Arabische Halle«, die über zwei
Stockwerke hinweg in eine herrliche Kuppel mündet. Die Wände dieses Raumes sind mit kostbaren
ornamentalen Kacheln des 13. bis 17. Jh. ausgelegt.
Zu den ausgestellten Gemälden gehören u. a. Werke von Lord Leighton selbst, Edward Burne-Jones
und John Everett Millais.

Holland Park | 12 Holland Park Road, W 14 | U-Bahn:
High Street Kensington | Tel. 0 20/76 02 33 16 |
www.rbkc.gov.uk/subsites/museums/leightonhouse
museum1.aspx | Mi–Mo 10–17.30 Uhr | Eintritt 9 £

② DESIGN MUSEUM L4

Das auf den Gebieten Design, Architektur, Grafik
und Mode führende Museum wurde 1989 gegründet und 2018 zum »Europäischen Museum des
Jahres« gewählt.

Kensington | 224–238 Kensington High Street, W 8 |
U-Bahn: High Street Kensington | www.designmuseum.org |
tgl. 10–17 Uhr | Eintritt frei, Sonderausstellungen 12–18 £

③ 18 STAFFORD TERRACE B4

Zurückversetzt in die viktorianische Zeit wird man
im Haus von »Punch«-Cartoonist Edward Linley
Sambourne (1844–1910), einem Vorfahren von Vis-
count Linley, dem Neffen von Queen Elizabeth II.
Das Haus ist genauso erhalten wie zu Sambournes
Lebzeiten; es beherbergt eine Fülle exotischer Ge-
genstände, dazu eine umfangreiche Fotosammlung
und viele Zeichnungen und Grafiken. Der Eingang
ist im Keller.

Führungen am Samstagmorgen werden von Schauspielern in
viktorianischer Kleidung geleitet (11 Uhr, 20 £, vorher buchen).
Holland Park | 18 Stafford Terrace, W 8 | Tel. 0 20/79 38 12 95 |
www.rbkc.gov.uk/subsites/museums/18staffordterrace1.aspx |
Mi, Sa, So 14–17.30 Uhr | Eintritt 9 £ | Führung Mi, So 11 Uhr

SEHENSWERTES

1 Leighton House
2 Design Museum
3 18 Stafford Terrace
4 Opera Holland Park
5 Holland Park 🚩

6 Portobello Road
7 Electric Cinema
8 Little Venice

ESSEN UND TRINKEN

1 The Shed

2 Santorini
3 Hereford Road
4 The Ledbury

EINKAUFEN

5 Portobello Market
6 Books for Cooks

❹ OPERA HOLLAND PARK A4

Seit 1996 bietet dieses Open-Air-Theater mit 1000 Sitzplätzen unter einem zeltartigen Dach ganz besondere Opernabende. Richtig stimmungsvoll wird es bei Einbruch der Dunkelheit. Die Saison läuft von Juni bis August und gehört fest zum kulturellen Programm Londons. Das City of London Sinfonia Orchester ist hier im Sommer zu Hause.

Holland Park | Abbotsbury Road, W 14 | U-Bahn: Holland Park | Tel. 03 00/9 99 10 00 | www.operahollandpark.com

12 MERIAN EMPFEHLUNG

❺ HOLLAND PARK A4

Dieser 22 ha große Park wird als der romantischste und friedlichste Park Londons beschrieben. Er präsentiert sich zum einen im Norden als Waldgebiet mit Wanderwegen unter den schattigen Bäumen, während um die Ruine von **Holland House** herum angelegte, hübsche Gärten mit Blumenbeeten, Pfauen und dem japanischen **Kyoto Garden** zu finden sind, wo sich Karpfen in Teichen tummeln. Die Südseite des Parks ist Fußballfeldern, Tennisplätzen und einem Spielplatz gewidmet. Im 17. Jh. war Holland Park Privatgrundstück um Cope Castle, später Holland House genannt. Es gehörte dem Schatzkanzler von König James I. Das Herrenhaus wurde im Zweiten Weltkrieg ausgebombt, und nur ein Flügel blieb stehen. Heute dient es als Jugendherberge. Sehenswert sind die Orangery Gallery und das weiße, zeltartige Sommergebäude der **Opera Holland Park**.

Zum Entspannen lädt das Holland Park Café ein, während man im Belvedere Restaurant, im ehemaligen Ballsaal von Holland House, elegant speisen kann.

Holland Park | Abbotsbury Road, W 14 | U-Bahn: Holland Park | tgl. 7.30 bis Sonnenuntergang | Eintritt frei

❻ PORTOBELLO ROAD A3

Der Name dieser langen Straße geht auf zwei Seefahrer zurück, die im Jahre 1739 in Panama an der Seeschlacht um die Hafenstadt Puerto Bello teilnahmen. Nach ihrer Rückkehr erwarben sie einen Gutshof, den sie »Portobello Farm« tauften. Der berühmte Antiquitätenmarkt begann 1870 als Pferdemarkt. 1948 kamen die Antiquitätenhändler hierher, nach der Schließung des Caledonian Market im Südosten Londons. In Nr. 163 fing es mit einem einzigen Verkaufsstand an und entwickelte sich zu dem heute so beliebten bunten Markt.

Notting Hill | Portobello Road, W 11 | U-Bahn: Notting Hill Gate

❼ ELECTRIC CINEMA A3

In diesem schon seit 1911 bestehenden Kino kann man es sich so richtig bequem machen. 98 Ledersessel mit Fußschemeln, Beistelltischchen und Kaschmirdecken sowie zwei riesige Sofas in der letzten und Liegen in der ersten Reihe machen den Besuch zum einmaligen Erlebnis. Kein Popcorn, sondern Cocktails und Wein werden dem Kinobesucher serviert, der sich die neuesten Produktionen, aber auch künstlerisch anspruchsvolle Autoren-Filme anschauen kann. Vorher kann man authentisch amerikanisch im **Electric Diner** essen gehen.

Notting Hill | 191 Portobello Road, W 11 | U-Bahn: Ladbroke Grove | Tel. 0 20/79 08 96 96 | www.electriccinema.co.uk

❽ LITTLE VENICE C2

Diese hübsche Kanalgegend liegt nördlich des Paddington Bahnhofs entlang der Blomfield Road. Wo der **Regent's Canal** und der **Grand Union Canal** zusammenlaufen, reihen sich bunte Hausboote aneinander. Zur Zeit der industriellen Blüte in den West Midlands verband der Grand Union Canal die Hauptstadt mit jener Gegend. Heute bietet er die Möglichkeit zu Fahrten durchs Land. Auf dem Regent's Canal eröffnen diese Bootsfahrten vom idyllischen Little Venice durch den **Regent's Park** mit Zoo bis hin zur **Camden Lock** eine ganz neue Perspektive von London. Auch reizvoll für Wanderungen, beginnend nahe der U-Bahn-Station Warwick Avenue.

An der südöstlichen Ecke des Browning's Pools legen die Boote der **London Waterbus Company** an. Die Bootstour bis Camden Lock dauert ca. 50 Min.

Maida Vale | Westbourne Terrace Road/Warwick Crescent, W 2 |
U-Bahn: Warwick Avenue | www.londonwaterbus.com |
Tel. 0 20/74 82 25 50 | April–Sept. 10–16.30 Uhr ca. jede Stunde,
Okt.–März 10, 12.15 und 15 Uhr | Ticket 12 £

Essen und Trinken

① *Vom Landleben inspiriert*
THE SHED A3

Tatsächlich mutet das schlichte weiße, holzverkleidete Gebäude neben dem kleinen Haus in Notting Hill zunächst eher wie ein Gartenschuppen an, doch drinnen ist es heimelig und gemütlich. Das Interieur ist rustikal-bäuerlich, an der Wand hängen Bilder von Kühen, und die Theke besteht aus Traktorteilen. Die Gladwin-Brüder – ein Koch, ein Bauer und ein Gastronom – haben das Landleben nach Notting Hill gebracht. Hier servieren sie u. a. englische Tapas – kleine Gerichte zum Probieren. Die frischen Zutaten und der Wein kommen vom eigenen Hof und Weingut in Sussex.

Notting Hill | 122 Palace Gardens Terrace, W 8 | U-Bahn: Notting Hill Gate | Tel. 0 20/72 29 40 24 | www.theshed-restaurant.com | Mo 18–23, Di–Sa 12–15/16 und 18–23 Uhr | €€€

② *Authentisch griechisch*
SANTORINI B3

Seit mehr als fünf Generationen leben griechische Einwanderer in Bayswater, und dieses Restaurant bietet das Beste aus ihrem Heimatland. Die helle, weiße Einrichtung mit blauen Akzenten erinnert an Strand, Meer und griechische Inseln. Fisch und Meeresfrüchte sind frisch und schmackhaft, wie auch die traditionellen Fleischgerichte. Äußerst freundliche und einladende Atmosphäre.

Bayswater | 10 Moscow Road, W 2 | U-Bahn: Bayswater | Tel. 0 20/77 27 71 12 | www.santoriniw2.com | tgl. 13–23 Uhr | €€

③ *Klein, aber fein*
HEREFORD ROAD B3

In einer ehemaligen Metzgerei hat Chefkoch Tom Pemberton sein äußerst schlichtes Restaurant aufgemacht. Die Zubereitung der schmackhaften Gerichte steht im Vordergrund, denn die Küche ist das Erste, was man sieht. Das

Menü wechselt regelmäßig, die Preise sind akzeptabel.

Notting Hill | 3 Hereford Road, W 2 | U-Bahn: Bayswater | Tel. 0 20/77 27 11 44 | www. herefordroad.org | Mo–Fr 12–15, 18–22.30, Sa, So 12–16 und 18–22 Uhr | €€€

④ *Ein Australier kocht französisch*
THE LEDBURY A3
Zwei Michelinsterne hat Brett Graham mit seinen kulinarischen Kompositionen bereits eingeheimst. Sein Restaurant in Notting Hill zieht die schicken Anwohner ebenso an wie ernsthafte Gourmets. Dieses edle Restaurant ist etwas für einen besonderen Anlass. Mittags sind die Preise erschwinglicher.

Notting Hill | 127 Ledbury Road, W 11 | U-Bahn: Westbourne Park | Tel. 0 20/77 92 90 90 | www. theledbury.com | Mi–Sa 12–14, Mo–So 18.30–21.45 Uhr | €€€€

Einkaufen

⑤ *Eine Fundgrube*
PORTOBELLO MARKET A3
Londons berühmtester Antiquitätenmarkt ist bereits seit 1870 ein Anziehungspunkt für Besucher aus aller Welt. Ob man nun antikes Geschirr, Gemälde, Silberbesteck, alte Stiche, Puppen, Pistolen, Vintageklamotten oder einfach nur Trödel sucht: Hier wird man garantiert fündig.

Notting Hill | Portobello Road, W 11 | U-Bahn: Notting Hill Gate | www.portobelloroad.co.uk | Haupttag: Sa 8–18.30 Uhr

⑥ *Für Hobbyköche*
BOOKS FOR COOKS A3
Ist Kochen Ihre Leidenschaft? Dann wird Ihnen dieser Laden mit mehr als 8000 Kochbüchern aus aller Welt wie das Paradies vorkommen: »Sie treten ein, schnuppern unser Essen und fühlen sich wohl!«, so beschreibt Heidi Lascelles den Erfolg ihres ungewöhnlichen kleinen Buchladens, in dem Kunden die nachgekochten Rezepte aus der Testküche im hauseigenen Café gleich kosten können. Inzwischen werden sogar Kochkurse angeboten.

Notting Hill | 4 Blenheim Crescent, W 11 | U-Bahn: Ladbroke Grove | Tel. 0 20/72 21 19 92 | www.booksforcooks.com | Di–Sa 10–18 Uhr

REGENT'S PARK, MARYLEBONE UND CAMDEN

Einst Jagdrevier der Könige, denkt man beim Regent's Park heute an Open-Air-Theater, Queen Mary's Rosengarten und den London Zoo. In Marylebone war ein bekannter Meisterdetektiv unterwegs, und Camden gilt als Wiege der Rockmusik.

Ursprünglich war hier ein Nonnenkloster ansässig, das Henry VIII. im 16. Jh. im Zuge der »Dissolution of the Monasteries« (Auflösung aller englischen Klöster) verbot und die Gegend anschließend zu seinem Jagdrevier machte und Marylebone Park benannte. Nach 1649 wurde das Land an Bauern verpachtet, bevor Architekt John Nash im Auftrag des Prinzregenten, des späteren Königs George IV., den Regent's Park und die umliegenden schönen Häuserreihen kreierte. Diese grüne Oase, die den Regent's Canal umfasst sowie den London Zoo, Gartenanlagen, Sportplätze und den angrenzenden Primrose Hill, durfte allerdings erst 1845 vom gemeinen Volk benutzt werden.

Jüngster royaler Zuwachs bei Madame Tussauds ist Prinz Harrys Ehefrau Meghan, Herzogin von Sussex.

Heute gehört diese Gegend zu den begehrtesten Adressen der Metropole. Im Süden grenzt Marylebone an den Regent's Park. Hier sollen die von Schriftsteller Arthur Conan Doyle erfundene Detektivfigur Sherlock Holmes und sein Begleiter Dr. Watson gelebt haben. Das **Sherlock Holmes Museum** in der Baker Street ist einen Besuch wert, doch die meisten Besucher zieht es immer noch in das Wachsfigurenkabinett **Madame Tussauds**, dessen

Camden Market ist eine Fundgrube für Sammler und Schnäppchenjäger.
So manches antike Stück hat hier schon ein neues Zuhause gefunden.

Geschichte bis ins 18. Jh. zurückreicht. Hier steht man Schulter an Schulter mit Stars aus Film, Pop und Sport sowie Mitgliedern des Königshauses.

Im nordöstlichen Camden zeigt die Hauptstadt ein ganz anderes Gesicht: Einwanderer aus Irland und Griechenland siedelten sich hier an und arbeiteten am **Grand Union Canal/Regent's Canal**, der 1820 zwischen Birmingham und London eröffnet wurde. Er war der sinnvollste und sicherste Weg, Güter in die Hauptstadt zu transportieren. Der Schriftsteller Charles Dickens beschrieb in seinen Romanen das harte Leben der Kanalarbeiter.

Viel später vollzog sich in diesem Stadtteil die Wende zur »Geburtsstätte der Rockmusik«, von Jimi Hendrix und Pink Floyd über Punk bis hin zu Amy Winehouse und den Brüdern Noel und Liam Gallagher. Das Roundhouse und Koko sind auch heute noch Magneten für Musikfans jeden Alters. An Wochenenden sollte man den bunten **Camden Market** mit seinen schrillen Läden und Ständen nicht versäumen. Er zieht jedes Jahr ca. 10 Mio. Besucher an. Eine völlig andere Sehenswürdigkeit ist das 2010 renovierte **Jewish Museum**.

Auch westlich vom Regent's Park befindet sich eine Kultstätte für Popmusik-Freunde. Hierher zieht es seit 50 Jahren

Beatles-Fans, die den bekannten **Abbey Road** Zebrastreifen vor den Studios überqueren wollen, wie die vier »Pilzköpfe« es für eine Plattenhülle taten. Südlich davon ist der **Lord's Cricketplatz** nennenswert, ein Mekka für Cricketfans, so wie Wimbledon es für Tennisfans ist.

Sehenswertes

❶ WALLACE COLLECTION E2

Üppige Ansammlung herrlicher alter Möbel, Gemälde, Waffen und Porzellan aus Frankreich, Holland und Italien des 19. Jh., die Richard Wallace dem Land 1897 schenkte. Rembrandts »Titus« oder Frans Hals' »The Laughing Cavalier« sollte man sich ebenso ansehen wie die Waffen aus dem Orient.
Holland Park | 12 Holland Park Road, W 14 | U-Bahn: High Street Marylebone | Hertford House, Manchester Square, W 1 | U-Bahn: Bond Street | www.wallacecollection.org | tgl. 10–17 Uhr | Eintritt frei

❷ MADAME TUSSAUDS E2

Marie Tussaud eröffnete ihr **Wachsfigurenkabinett** in der Baker Street 1835 und zog 1883 in die Marylebone Road. Insgesamt 14 Themenbereiche begeistern Jung und Alt, von Politik über Sport, Popmusik und Film bis hin zu den Royals und Londons wechselvoller Geschichte. Man trifft seine Idole hautnah, kann neben der Queen auf dem Buckingham Palast Balkon stehen oder auf der Bühne mit Lady Gaga. Dazu kommen

SEHENSWERTES
- ❶ Wallace Collection
- ❷ Madame Tussauds
- ❸ Sherlock Holmes Museum
- ❹ Lord's Cricket Ground
- ❺ Primrose Hill
- ❻ Jewish Museum

- ❼ London Zoo
- ❽ Regent's Park

ESSEN UND TRINKEN
- ① Les 110 de Taillevent
- ② Jikoni
- ③ Orrery

EINKAUFEN
- ④ Cadenhead's Whisky Shop
- ⑤ Alfies Antique Market 🚩
- ⑥ Camden Markets

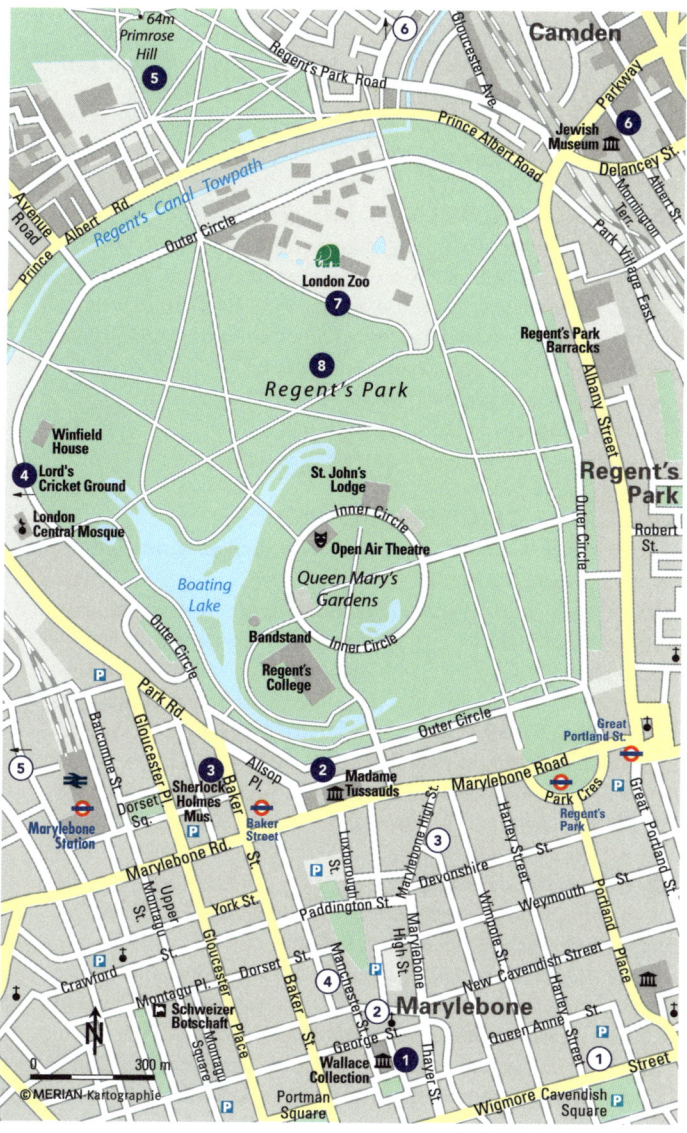

Camden

Primrose Hill
64m
⑤

⑥

Regent's Park Road

Prince Albert Road

Gloucester Ave.

Parkway

Jewish Museum 🏛 ⑥

Delancey St.

Mornington Terr.

Albert St.

Avenue Road

Prince Albert Rd.

Regent's Canal Towpath

Outer Circle

Park Village East

London Zoo
⑦

⑧
Regent's Park

Regent's Park Barracks

Winfield House

④ Lord's Cricket Ground

🕌 London Central Mosque

St. John's Lodge

Albany Street

Regent's Park

Inner Circle

⚜ Open Air Theatre

Outer Circle

Robert St.

Boating Lake

Queen Mary's Gardens

Bandstand
Inner Circle

Regent's College

Outer Circle

Outer Circle

Park Rd.

Balcombe St.

P

Great Portland St. 🚇

Gloucester Pl.

③ Sherlock Holmes Mus. P

Allsop Pl.

② Madame 🏛 Tussauds

Marylebone Road

Baker Street 🚇

Park Cres.

Regent's Park 🚇

P

Great Portland St.

Dorset Sq.

⑤

🚇 Marylebone Station

Marylebone Rd.

Upper Montagu St.

York St.

Baker St.

③
Lincolnworth St.

P

Paddington St.

Devonshire St.

Marylebone High St.

Wimpole St.

Weymouth St.

Portland St.

Portland Place

Crawford

Montagu Pl.

Gloucester Place

Dorset St.

Manchester St.

④

Manchester Sq.

🏛

New Cavendish Street

Hartley Street

Schweizer Botschaft

Baker St.

George St.

② 🚇 Marylebone

Queen Anne St.

🏛

N

0   300 m

Wallace Collection 🏛 ①

Thayer St.

P

Cavendish Square

Portman Square

Wigmore St.

P ①

Street

© MERIAN-Kartographie

ständig neue Attraktionen wie »Sherlock Holmes: The Experience«, »Star Wars« und der »Marvel Super Heroes 4D«-Film.

Marylebone | Marylebone Road, NW 1 | U-Bahn: Baker Street |
Tel. 08 71/8 94 30 00 | www.madametussauds.co.uk/london |
tgl. 9.30–17.30 Uhr | Eintritt ab 29 £

❸ SHERLOCK HOLMES MUSEUM E2

In No. 221b Baker Street lebte der von Schriftsteller Sir Arthur Conan Doyle geschaffene Romandetektiv mit seinem Assistenten Dr Watson. Das Museum wurde 1990 von der Sherlock Holmes Society eröffnet, im ersten Stock fühlt man sich in die Zeit des intuitiven Detektivs versetzt.

Marylebone | 221b Baker Street, NW 1 | Tel. 0 20/72 24 36 88 |
www.sherlock-holmes.co.uk | tgl. 9.30–18 Uhr |
Eintritt 15 £, Karten werden im Souvenirladen verkauft

❹ LORD'S CRICKET GROUND C/D1

Das Mekka für Cricketfans. Lord's ist die heilige Stätte des englischen Nationalsports, so wie Wimbledon es für Tennis und Wembley für Fußball sind. 1814 von Cricket-Veteran Thomas Lord angelegt, ist es Spielstätte des 1787 gegründeten Marylebone Cricket Clubs. Ein **Museum** befasst sich mit der Geschichte des Sports, wo auch die »Ashes«-Siegestrophäe zu bewundern ist, um die England und Australien jedes Jahr kämpfen. Besichtigung nur mit Führung.

St John's Wood | St John's Wood Road, NW 8 | U-Bahn: St John's Wood |
Tel. 0 20/76 16 85 00 | www.lords.org | 25 £

❺ PRIMROSE HILL D1

Dieser Hügel bietet einen wundervollen Blick auf die Hauptstadt. Einst war die Anhöhe tatsächlich mit Primeln übersät, doch auch zeitweise bekannt für Duelle und Wettkämpfe. Die Gegend, heute eine begehrte Adresse, war früher eher ein Künstlerviertel, in dem die Schriftstellerin Sylvia Plath lebte und starb (3 Chalcot Square), auch der deutsche Philosoph Friedrich Engels wohnte hier (Regent's Park Road 122).

Primrose Hill | U-Bahn: Chalk Farm

⑥ JEWISH MUSEUM F1

Das 1932 gegründete jüdische Museum gibt faszinierende Einblicke in Vergangenheit und Leben von Londons ältester Immigrantengemeinde, die im Jahre 1066 nach England kam. Die Geschichte und Kultur der britischen Juden wird hier anschaulich dargestellt. Das Museum zog 1995 in das heutige Gebäude, das 2010 völlig renoviert wurde. Besonders sehenswert ist die in 2001 in der City ausgegrabene »**Mikwe**«, ein jüdisches Ritualbad und ein Thoraschrein aus dem 16. Jh.

Camden | Raymond Burton House, 129-131 Albert Street, NW 1 | U-Bahn: Camden Town | Tel. 0 20/72 84 73 84 | jewishmuseum.org.uk | tgl. 10–17, Fr bis 14 Uhr | Eintritt 8,50 £

⑦ LONDON ZOO E1

Der älteste wissenschaftliche Tiergarten der Welt wurde 1828 gegründet und ist mit 750 Tierarten zugleich einer der größten. Anfangs nur für Mitglieder der Zoological Society zugänglich, wurde er erst 1847 für Besucher eröffnet. Besonders sehenswert sind das Reich der Gorillas, das Land der Löwen und der Pinguin Strand.

Seit 2016 kann man sogar im Zoo übernachten und in bequemen Holzhütten der Tierwelt ganz nahe sein. Drei nächtliche Führungen machen das Erlebnis noch spannender.

Regent's Park | NW 1 | U-Bahn: Camden Town | www.zsl.org/zsl-london-zoo | Sommer tgl. 10–18, Winter 10–16 Uhr | Eintritt ab 23,40 £

⑧ REGENT'S PARK E1

Der 166 ha große Park wurde bis 1646 von König Henry VIII. als Jagdgebiet genutzt und hieß damals Marylebone Park. Später pachteten Kleinbauern das Land, bis Architekt John Nash 1811 einen großzügigen Landschaftspark mit umliegenden vornehmen Häuserreihen entwarf. Hier wollte der Prinzregent, später König George IV., einen Sommerpalast bauen, der allerdings nie Wirklichkeit wurde. Anfangs durften nur Anlieger der benachbarten Villen den Park benutzen, der erst 1835 langsam und stückweise für das gemeine Volk geöffnet wurde. Heute umfasst er den London Zoo, einen großen See,

Sportplätze und den herrlichen **Queen Mary's Garden** mit rund 12 000 Rosen. Fester Bestandteil des Londoner Kultursommers ist die Freilichtbühne des **Regent's Park Open Air Theatre**, das von Mai bis September Theateraufführungen veranstaltet. Witterungsabhängig, da nicht überdacht!

Regent's Park | Inner Circle | NW 1 | U-Bahn: Baker Street | Tel. 0 33/34 00 35 62 | www.openairtheatre.com

Essen und Trinken

① *Zu jedem Gericht den richtigen Wein*
LES 110 DE TAILLEVENT F2
In dieser ehemaligen Bank kann der Gast aus 110 offenen Weinen wählen. Zum Glück steht der Sommelier mit Rat bereit. Vier Weine in verschiedenen Preisklassen werden zu jedem Gericht empfohlen, die das exzellente französische Essen hervorragend ergänzen.

Marylebone | 16 Cavendish Square, W 1 | U-Bahn: Bond Street | Tel. 0 20/31 41 60 16 | www.les-110-taillevent-london.com | Mo-Sa 11.30–22.30 Uhr | €€€€

② *Home Cooking*
JIKONI E2
Der Name kommt aus dem ostafrikanischen Swahili und bedeutet Küche, denn hier wird köstliche Hausmannskost aufgetischt. Allerdings kommt die aus vielen verschiedenen Ländern: Asien, dem Nahen Osten, Afrika und Großbritannien. Rezepte, die von Generation zu Generation weitergereicht werden, sind die Inspiration für das bunte Menü.

Marylebone | 19–21 Blandford Street, W 1 | U-Bahn: Bond Street | Tel. 0 20/70 34 19 88 | jikonilondon.com | Di–Fr 12–15, 17.30–22.30, Sa nur abends, Brunch von 11–15, So bis 16 Uhr | €€

③ *Französische Eleganz*
ORRERY E2
Seit mehr als 20 Jahren bezaubert dieses stilvolle Restaurant im ersten Stock ehemaliger Pferdestallungen mit dem Blick auf die hohen Bäume im St Marylebone Kirchhof, insbesondere wenn das Licht durch das Rundbogenfenster flutet. Das vorzügliche Essen kann im Sommer auf der romantischen Dachterrasse eingenommen werden.

Marylebone | 55 Marylebone High
Street, W 1 | U-Bahn: Baker
Street | Tel. 0 20/76 16 80 00 |
www.orreryrestaurant.co.uk |
tgl. 12–14.30, 18.30–22 Uhr | €€€€

Einkaufen

④ *Das besondere Lebenswasser*
CADENHEAD'S WHISKY SHOP E2
Whisky sei eigentlich – aus
dem Gälischen übersetzt –
nur Wasser, meinten gälische
Mönche in alter Zeit. Das zu
erforschen geht nirgendwo
besser als im Tasting Room
von Cadenhead's Whisky
Shop, wo aus alten Fässern
probiert werden darf. Erst
riechen, schnuppern, dann
die Farbe analysieren und die
ersten Tropfen auf der Zunge
»Platz nehmen lassen«, wie
Taste-Master Stephen rät.
Doch: Je mehr man probiert,
desto klarer wird: Dass Whisky Wasser ist, das glaubt den
Mönchen kein Mensch!
Marylebone | 26 Chiltern Street,
W 1 | U-Bahn: Baker Street |
Anmeldung erforderlich: Tel.
0 20/79 35 69 99 | www.whisky
tastingroom.com | Mo–Do, Sa
10.30–18.30, Fr 11–18.30 Uhr |
Whiskyprobe ab 25 £

⑤ *Auf vier Etagen*
ALFIES ANTIQUE MARKET D2
Seit mehr als 40 Jahren mit
75 Ständen Englands größte
Markthalle für Antiquitäten,
Schmuck, Kleinmöbel, Lam-
pen, Handtaschen und Ret-
ro-Mode. Ein Paradies für
Sammler aus aller Welt.
Marylebone | 13–25 Church Street,
NW 8 | U-Bahn: Marylebone |
www.alfiesantiques.com |
Di–Sa 10–18 Uhr

⑥ *Reges »Markttreiben«*
CAMDEN MARKETS nördl. F1
Was 1974 als Kunsthand-
werkermarkt an der Camden
Lock anfing, hat sich zu einer
pulsierenden Gegend ent-
wickelt, die sechs Märkte
umfasst. Hier findet man die
verrücktesten Sachen und
coolsten Leute, besonders in
den *stables* und um die *lock*
herum. Schmuck, Antiquitäten, trendige Klamotten und
Kuriositäten, dazwischen Im-
bissbuden, Bars und Cafés.
Chalk Farm | Chalk Farm Road,
NW 1 | U-Bahn: Camden Town |
www.camdenmarket.com |
tgl. 10–18 Uhr

BLOOMSBURY UND CLERKENWELL

*Die Spuren von Londons Intel-
lektuellen wie Charles Dickens
finden sich noch in Bloomsbury,
während Clerkenwell bereits
im 11. Jh. von den Kreuzrittern
geprägt wurde und später Lenin,
Stalin und Marx zu seinen
Bewohnern zählte.*

Dicht an der London University findet man das einmalige British Museum und den um 1800 angelegten Russell Square, eine
der ersten typisch englischen Grünanlagen inmitten quadra-
tisch angeordneter Häuser. Der Name Russell weist auf die Besitzer dieser Gegend hin: die Familie des Herzogs von Bedford.
An der Ostseite des Platzes beeindruckt das reich verzierte viktorianische Russell Hotel, 1898 erbaut. Südlich des British
Museum liegt in der Little Russell Street das Cartoon Museum.

Bloomsbury ist aber auch ein Synonym für Londons »Intel-
ligenzia« wie Virginia Woolf (1882–1941) und ihre **Bloomsbury Group**. Schriftsteller wie George Bernard Shaw lebten
am Fitzroy Square, Charles Dickens in der Doughty Street.

Unbedingt sehenswert ist die neugotische **All Saints
Church** in der Margaret Street nahe der Oxford Street, 1850
von William Butterfield entworfen. Ihr spitzer Turm ist der
zweithöchste der Stadt. Wunderschön restauriert wurde der
wuchtige Bahnhof **St Pancras International Station**, in der
neu gestalteten Schalterhalle aus Gusseisen und Glas wurde die
längste Champagner-Bar Europas eröffnet.

Auch Clerkenwell kann auf eine ruhmreiche Vergangenheit
zurückblicken: Lenin, Stalin und Karl Marx lebten hier in großer Armut. Karl Marx (1818–1883) verbrachte den Rest seines
Lebens in England und wurde später mit einer Bibliothek ge-

Der Great Court des British Museum. Sir Norman Foster überdachte den Innenhof mit einer spektakulären, eleganten Glas-Stahl-Konstruktion.

ehrt. Lenin verfasste hier seine revolutionäre Zeitung »Iskra«. Welch ein Kontrast zu Clerkenwells früheren Bewohnern, den Kreuzrittern des »Order of St John« aus dem 11. bis 13. Jh. Ihr Kreuzzug führte sie u. a. nach Jerusalem. Sehenswert ist die Ausstellung im **St John's Gate**, die an diese Zeit erinnert. In Clerkenwell sind auch die **Priory Church** und ihre Krypta aus dem 12. Jh. zu besichtigen.

Junge Werbeleute hauchten der Gegend vor einigen Jahren neues Leben ein: Alte Häuser avancierten zu schicken Studios, zusammen mit diversen Bioläden und Gastropubs. Clerkenwell zieht viele Künstler an und veranstaltet jeden Sommer im Mai die große Design Week.

Sehenswertes

① ALL SAINTS MARGARET STREET F2

Diese dunkelrote Backsteinkirche im neugotischen Stil, eingezwängt zwischen lauter Etagenhäusern, lässt von außen nicht erahnen, wie prunkvoll ausgestattet und unglaublich kunstreich verziert sie ist. Atemberaubend und farbenprächtig erinnert sie an italienische Kathedralen.

Fitzrovia | 7 Margaret Street, W 1 | U-Bahn: Oxford Circus | www.allsaintsmargaretstreet.org.uk | Mo–Fr, So 7–19, Sa 11–19 Uhr

❷ BRITISH MUSEUM G2

Eines der größten und bedeutendsten Museen der Welt entstand 1753 mit über 71 000 Exponaten – zoologische Sammlerstücke, Mineralien und Antiquitäten aus der Privatsammlung des Naturwissenschaftlers und Arztes **Sir Hans Sloane**, zuzüglich vieler anderer Sammlungen, sogar der Privatbibliothek von George III. (1823–1852). Der klassizistische Bau gruppiert sich um einen quadratischen **Innenkomplex**, der 2000 von Sir Norman Foster kunstvoll überdacht wurde. Das Riesengewölbe aus Glas und Stahl, das sich vom Reading Room in der Mitte des Hofes spannt und den Great Court mit Ruhezonen und Restaurants kreierte, ist ein Wunder moderner Architektur. Zu den Museumsschätzen zählen Skulpturen des griechischen, römischen und ägyptischen Altertums sowie die **Elgin Marbles** (Marmorfragmente von Bauten der Akropolis). Bloomsbury | Great Russell Street, WC 1 | U-Bahn: Tottenham Court Road | www.britishmuseum.org | Mo–Do, Sa, So 10–17.30, Fr bis 20.30 Uhr | Eintritt frei (außer für Sonderausstellungen)

❸ CORAM'S FIELDS UND FOUNDLING MUSEUM G/H1/2

Wo einst das Foundling Hospital stand, das Kapitän Thomas Coram 1741 für Waisenkinder errichtete, wurde 1936 der große **Park mit Spielplatz** angelegt. Das **Foundling Museum** an der Nordseite illustriert die Geschichte des ersten Waisenhauses Großbritanniens. Es enthält Gemälde von William Hogarth, historische Dokumente und Andenken an den Komponisten Georg Friedrich Händel, einen Wohltäter der Stiftung. Bloomsbury | Museum: 40 Brunswick Square, WC 1 | U-Bahn: Russell Square | Tel. 0 20/34 81 94 73 | www.foundlingmuseum.org.uk | Di–Sa 10–17, So 11–17 Uhr | Eintritt 13,20 £

❹ BRITISH LIBRARY G1

Die Nationalbibliothek wurde 1857 im British Museum eröffnet und gehört zu den beiden größten der Welt. Karl Marx, Charles Dickens und Lenin nutzten den *reading room* dort für

SEHENSWERTES

1 All Saints Margaret Street

2 British Museum ★

3 Coram's Fields und Foundling Museum

4 British Library

5 St Pancras International

6 The Charles Dickens Museum

7 Marx Memorial Library

8 Museum of the Order of St John

ESSEN UND TRINKEN

1 German Gymnasium

2 Luce e Limoni

3 The Eagle

EINKAUFEN

4 James Smith & Sons

5 British Museum Shop

6 Exmouth Market

ABENDGESTALTUNG

7 Booking Office Bar

Die blaue Plakette an diesem Stadthaus zeigt an, dass hier einmal die Autoren Virginia Woolf und George Bernard Shaw gewohnt haben.

BLOOMSBURY
Ein magischer Ort

Im ersten blassen Morgenlicht durch Straßen und Gärten in Bloomsbury streifend, spürt man sie immer noch: die englische Boheme. In diesem Stadtteil Londons wurde 1905 die rebellische **Bloomsbury Group** aus der Taufe gehoben, ein Gesprächszirkel von Schriftstellern, Intellektuellen, Künstlern und Wissenschaftlern, die aus den starren gesellschaftlichen Regeln ausbrechen wollten und neue Lebensformen suchten. Sie stellten gesellschaftliche Konventionen in Frage und entwickelten liberale Ideen, in politischer Hinsicht ebenso wie in zwischenmenschlichen Beziehungen.

Zu diesem ungewöhnlichen Kreis gehörte die gefeierte Schriftstellerin **Virginia Woolf**, die sich als Essayistin, Literaturkritikerin und mit Romanen wie »Orlando« einen Namen machte. Gemeinsam mit ihrem Mann, dem Verleger Leonard Woolf, gründete sie den Hogarth Press Verlag.

»Wer uns unserer Träume beraubt, beraubt uns unseres Lebens.«
Virginia Woolf (1882–1941)

Virginia zog mit ihrem Vater und drei Geschwistern 1904 nach Bloomsbury, zunächst in die No. 46 Gordon Square und später – mit ihrem Bruder Adrian –

in den Fitzroy Square No. 29. Beide Häuser erinnern noch heute mit blauen Gedenktafeln an die Schriftstellerin.

Ein intellektueller, literarischer Stadtteil war Bloomsbury schon vorher. So ist auch das Leben und Schaffen von Charles Dickens (1812–1870), »Peter Pan«-Autor J. M. Barrie (1860 bis 1937) und des irischen Dramatikers George Bernard Shaw (1856–1950) dicht mit ihm verwoben. Zufälligerweise lebte Shaw auch in No. 29 Fitzroy Square, allerdings etwas später: von 1887 bis 1898.

Bloomsbury wurde im 19. Jahrhundert vom Herzog von Bedford angelegt, der hier die ersten *Garden Squares* kreierte, Karrees eleganter Häuser, die sich um eine hübsche Parkanlage gruppieren. Eine architektonische Besonderheit. Außer Künstlern bevölkern heute Studenten und Mediziner diesen Stadtteil, der renommierte Universitäten und Krankenhäuser aufweisen kann. Ein Anziehungspunkt ist natürlich das weltbekannte **British Museum** mit seinen unvergleichlichen Kunstschätzen.

Für Virginia Woolf, eine Frau von ungewöhnlicher, melancholischer Schönheit, bedeuteten Bloomsbury und ihr Freundeskreis Auf- und Umbruch zugleich. Hinaus aus dem Käfig eines steif-intellektuellen Familienlebens (und erster depressiver Momente), hin zu einer unkonventionellen Freiheit. Sie blühte auf, entdeckte sich, die Künste und einen gewissen Leonard Woolf, Autor und Publizist. Mit 30 Jahren heiratete sie ihn. Er gab ihr Halt und Vertrauen und konnte doch nicht helfen, als sie – in immer wiederkehrender, tiefer Depression – 1941 in den Fluss Ouse stieg und sich das Leben nahm. Sie, die frauenbewegte, ironisch-sprühende, gegen alle Regeln lebende Virginia.

In einem der Gärten in Bloomsbury setzt man sich auf eine Bank, schlägt man vielleicht den kleinen Band »Die Dame im Spiegel« auf, liest den ersten Satz der Erzählung »Der Obstgarten« und verfällt der Erzählkunst der großen Schriftstellerin. Hier lässt sie sommerlich-leicht und pastellig Bilder entstehen, die jeder Tragik und Düsternis fern sind. Virginia konnte zaubern – Bloomsbury auch.

ihre Studien. Nachdem die Sammlung bis 1971 auf 15 Millionen Bücher angewachsen war, zog die Bibliothek 1997 in den supermodernen Bau in St Pancras. In den hellen Räumen mit Regalen von insgesamt 625 km Länge haben nicht nur die Büchersammlungen Platz, sondern auch die Magna Charta, Briefe großer Eroberer und Leonardo da Vincis Notizbuch. Jedes Jahr kommen drei Millionen neue Exponate dazu.

St Pancras | 96 Euston Road, NW 1 | U-Bahn: King's Cross St Pancras | www.bl.uk | Mo–Do 9.30–20, Fr 9.30–18, Sa 9.30–17, So 11–17 Uhr | Eintritt frei

❺ ST PANCRAS INTERNATIONAL G1

Die Endstation für den »Eurostar« galt als baulicher Triumph, als Ingenieur William Henry Barlow diesen Bahnhof 1868 schuf. Die kühne Glas- und Eisenkonstruktion bestand aus einem einzigen 74 m breiten Bogen, damals das größte Bauwerk dieser Art auf der Welt. Vor den Bahnhof setzte Architekt George Gilbert Scott das neugotische Midland Grand Hotel, das 2007 als **St Pancras Renaissance Hotel** neu eröffnete.

St Pancras | Euston Road, NW 1 | U-Bahn: St Pancras | www.stpancras.com

❻ THE CHARLES DICKENS MUSEUM H2

Obwohl Dickens (1812–1870) in diesem Haus nur zwei Jahre lang lebte, beherbergt es die umfassendsten Erinnerungen an den Schriftsteller. Die 100 000 Exponate umfassen Briefe, Manuskripte und Erstausgaben. »Oliver Twist« und »Nicholas Nickleby« sind hier entstanden.

Bloomsbury | 48 Doughty Street, WC 1 | U-Bahn: Russell Square | www.dickensmuseum.com | Di–So 10–16 Uhr | Eintritt 9,50 £

❼ MARX MEMORIAL LIBRARY J2

Im 19. Jh. zogen politisch Radikale wie Lenin und Marx in den Stadtteil Clerkenwell. Lenin schrieb in einem Hinterzimmer der Twentieth Century Press von 1902 bis 1903 seine Zeitung »Iskra«. Das Büro ist in der Marx Memorial Library erhalten geblieben, die 1933 im Andenken an Karl Marx zu seinem

Im lichtdurchfluteten Morgenzimmer des heutigen Charles Dickens Museum saß der Schriftsteller und verfasste u. a. seinen berühmten Roman »Oliver Twist«.

50. Todestag angelegt wurde. Sie enthält 43 000 Bücher, Flugblätter und Zeitungen.
Clerkenwell | 37a Clerkenwell Green, EC 1 | U-Bahn: Farringdon |
Tel. 0 20/72 53 14 85 | www.marx-memorial-library.org.uk |
Mo–Do 12–17, Führungen: Di, Do 11 Uhr

⑧ MUSEUM OF THE ORDER OF ST JOHN J2

The Order of St John, vergleichbar mit dem Johanniterorden, wurde im 11. Jh. in Jerusalem gegründet, wo die Mönche sich um kranke Pilger kümmerten. Die faszinierende Geschichte des Ordens wird im 1504 erbauten **St John's Gate** und in der **Priory Church** anschaulich dargestellt.
Clerkenwell | St John's Gate, St John's Lane, EC 1 | U-Bahn: Farringdon |
Tel. 0 20/73 24 40 05 | www.museumstjohn.org.uk | Mo–Sa 10–17 Uhr |
Eintritt frei | Führungen Di, Fr–Sa 11 und 14.30 Uhr, Spende ca. 5 £

Essen und Trinken

① *Speisen statt Sport* GERMAN GYMNASIUM G1

Diese Turnhalle wurde 1865 für die Deutsche Gymnastik Gesellschaft Londons gebaut, als erste zweckmäßige Sporthalle Englands. 2015 wurde das interessante Gebäude sehr geschickt in einen modernen Komplex mit Restaurant, zwei Bars und Café umfunktioniert, in dem seither erstklassige mitteleuropäische Küche kredenzt wird. Trotz der hohen Gewölbedecke lässt es sich hier gemütlich speisen.

King's Cross | 1 King's Boulevard, N 1 | U-Bahn: Kings Cross, St Pancras | Tel. 0 20/72 87 80 00 | www.germangymnasium.com | Mo–Fr 8–23, Sa, So 10–22, Restaurant ab 12, Bar bis 24 Uhr | €€€

② *Licht und Zitronen*
LUCE E LIMONI H2

Der Name dieses sizilianischen Restaurants versetzt einen sofort gedanklich auf die Urlaubsinsel, die Heimat von Chefkoch und Besitzer Fabrizio Zafarana. Mit italienischem Charme serviert er seine traditionellen Gerichte und exzellenten Weine.

Bloomsbury | 91–93 Gray's Inn Road, WC 1 | U-Bahn: Chancery Lane | Tel. 0 20/72 42 33 82 | www.luceelimoni.com | Mo–Do 12–15 und 18–22, Fr, Sa bis 23 Uhr | €€€

③ *Das erste Gastropub*
THE EAGLE H2

Von hier ging der Trend aus, in Pubs gutes Essen zu servieren. Als David Eyre und Mike Belben ihr Pub-Restaurant 1991 eröffneten, gab es den Ausdruck »Gastropub« noch nicht. Das beliebte Pub ist meist laut und voll, die Einrichtung kunterbunt, und das Menü wechselt ständig. Am besten kommt man früh oder spät, denn im Voraus buchen geht nicht. Im ersten Stock fördert die Emma Hills **Eagle Gallery** junge Talente (www.emmahilleagle.com).

Clerkenwell | 159 Farringdon Road, EC 1 | U-Bahn: Farringdon | Tel. 0 20/78 37 13 53 | www.theeaglefarringdon.co.uk | Mo–Sa 12–23, So 12–17 Uhr | €€

Einkaufen

④ *Spazierstöcke und Regenschirme*
JAMES SMITH & SONS G2

Bei London denkt man vielleicht an den englischen Gentleman, der immer einen Schirm bei sich hat. Das Wetter ist zwar generell viel besser als sein Ruf, aber einen schönen Regenschirm kann man immer gebrauchen. Seit 1830 stellen James Smith und Söhne Qualitätsschirme und Spazierstöcke her, und ihr Laden in der New Oxford Street hat sich seit 1857 kaum verändert. Hier fühlt man sich ins viktorianische London zurückversetzt.

Bloomsbury | Hazelwood House, 53 New Oxford Street, WC 1 | U-Bahn: Tottenham Court Road |

www.james-smith.co.uk |
Mo, Di, Do, Fr 10–17.45,
Mi ab 10.30, Sa 10–17.15 Uhr

⑤ Erlesenes aus dem Museumsshop
BRITISH MUSEUM SHOP G2

Vier verschiedene Einkaufsmöglichkeiten bietet das British Museum, für Andenken, Bücher und Geschenkartikel, aber auch herrlichen Schmuck und schöne Skulpturen, die historischen Originalen der diversen Sammlungen nachempfunden sind.

Bloomsbury | Great Russell Street, WC 1 | U-Bahn: Tottenham Court Road | tgl. 9.30–17.30, Fr bis 20, So ab 10 Uhr

⑥ Dörfliche Atmosphäre
EXMOUTH MARKET J2

Seit Clerkenwell und Umgebung trendy wurde und sich hier viele City-Leute ansiedeln, ist auch diese lange Fußgängerzone mit ihren vielen Restaurants und Cafés zu neuem Leben erblüht. Hier verspürt man noch das »dörfliche« London. Individuelle kleine Geschäfte, Buchläden, Boutiquen, Bars und Stände mit internationalem Street Food machen diese Straße zum Blickfang.

Clerkenwell | Exmouth Market, EC 1 | U-Bahn: Farringdon | www.exmouth-market.com

Abendgestaltung

⑦ Im gotischen Backsteinbau
BOOKING OFFICE BAR G1

Wie eine Kathedrale ragt das Renaissance Hotel vor dem St-Pancras-International-Bahnhof in die Höhe. Der vom Architekten Sir George Gilbert Scott errichtete gotische Backsteinbau wurde 1873 eröffnet. Doch nicht nur Reisende kommen in den Genuss, das eindrucksvolle Gebäude zu bestaunen. Die prachtvolle ehemalige Schalterhalle mit ihren hohen Spitzbogenfenstern und einer 29 m langen Bar steht allen offen und ist vom frühen Frühstück bis zur späten Cocktailstunde geöffnet, sogar mit Livemusik.

St Pancras | St Pancras Renaissance Hotel, Euston Road, NW 1 |
U-Bahn: Kings Cross/St Pancras |
Tel. 0 20/78 41 35 66 |
www.stpancraslondon.com |
Mo–Fr 6.30–24, Sa, So 7–24 Uhr |
€€€

JENSEITS DES ZENTRUMS

Die Innenstadt strotzt vor Sehenswürdigkeiten, doch auch Londons Randgebiete und Vororte wie Richmond, Greenwich oder Kew haben Sehenswertes zu verzeichnen. Die wichtigsten Orte, Schlösser und Parks sollen hier vorgestellt werden.

Der Richmond Palace war zu Tudorzeiten Sitz des Königs. Nur 13 km südwestlich von London, bietet **Richmond** zwar keinen Königshof mehr, hat sich aber Eleganz und Charme erhalten. Auf dem Richmond Green kann man im Sommer beim Cricket zuschauen. Schmale Gassen locken mit Schmuck-, Kunst- und Antiquitätengeschäften.

Sehenswert sind die berühmte Themseschleife, vom Richmond Hill aus gesehen, und der 955 ha große Richmond Park mit seinem Bestand an Rot- und Damwild. Im nahen kleinen Ort **Ham** sollte man dem historischen Ham House der Grafenfamilie von Dysart seine Aufwartung machen. Über die Kew Road gelangt man nach **Kew Gardens**, den 1759 von der deutschen Prinzessin Augusta angelegten Royal Botanic Garden, der seltene Pflanzen aus aller Welt erhält. **Hampton Court Palace**, Henry VIII. beeindruckendes Tudorschloss, liegt flussaufwärts an der Themse.

Das nordwestlich gelegene, lieblich-hügelige **Hampstead** kann sich rühmen, der Londoner Vorort mit den meisten blauen Gedenktafeln zu sein. George Orwell und Sigmund Freud lebten hier, ebenso James-Bond-Erfinder Ian Fleming und »Rebecca«-Autorin Daphne du Maurier, und das Haus des Dichters John Keats lädt zur Besichtigung ein. Von Edward Elgar über Henry Moore, Richard Burton, Agatha Christie und Peter Sellers reicht die

Im 17. Jh. war der hübsche Vorort Hampstead für seine Heilwasser berühmt.

Majestätisch erhebt sich das Museumsschiff »Cutty Sark« aus dem Morgennebel. Der Teeklipper galt als schnellstes Segelschiff seiner Zeit.

Zahl der Künstler. Auch der französische Politiker Charles de Gaulle lebte hier von 1940 bis 1942.

Für **Greenwich** an der Südseite der Themse sollte man sich unbedingt einen ganzen Tag Zeit nehmen. Mit Bauten von Christopher Wren und Inigo Jones, dem Old Royal Naval College, Royal Observatory, der Cutty Sark, dem Nullmeridian und Greenwich Park ist der Tag schnell ausgefüllt. Dass man per Schiff vom Westminster Pier an diesen historischen Ort kommen kann, hilft zum Einstimmen in die maritime historische Geschichte.

Henry VIII. teilte seine Zeit zwischen Richmond und Greenwich. Seine drei Kinder wurden hier geboren: Mary, Elizabeth und Edward. Der Dichter Daniel Defoe (1660–1731) nannte Greenwich »the most delightful ground in Great Britain«. Und mit all seinen wunderbaren Bauten – wer könnte das verneinen?

Stratford im Osten Londons stieg durch die Olympischen Spiele wie ein Phönix aus unwirtlichem Brachland auf und ist als neu benannter Queen Elizabeth Olympic Park mit blühenden Wiesen, Bächen, Sportarenen und Picknickgelände für jedermann zugänglich.

Wolfgang Buttress' preisgekrönte Installation »The Hive« in Kew Gardens.

IM WESTEN UND SÜDWESTEN

Sehenswertes

HAMPTON COURT PALACE südwestl. A6

Dieser **Tudorpalast** an der Themse war bis 1760 Wohnsitz der englischen Monarchen. Er wurde 1514 von Kardinal Thomas Wolsey erbaut und 1528 von seinem König, Henry VIII., konfisziert. Architekt Christopher Wren erweiterte ihn. Beeindruckend sind die vielen hohen Schornsteine und trutzigen Steinskulpturen verschiedener Wappentiere. Sehenswert auch die State Apartments, die Haunted Gallery und die Tudor-Küchen. Die **astronomische Uhr** von 1540 im Clock Court ist ebenso ein Blickfang wie der kunstvoll angelegte **Park** mit Irrgarten und Long Water See und der 240 Jahre alte Weinstock, dessen Stamm einen Umfang von 4 m hat und der noch heute pro Jahr 300 kg Trauben produziert.

Die jährliche Hampton Court Flower Show (1. Julihälfte, Di–Sa 10–19, So 10–17 Uhr) ist eine Augenweide. Im Winter wird vor dem Palast Schlittschuh gelaufen (Dez.–Jan., ab 15 £).

Hampton Court, East Molesey, Surrey | Bahn: Hampton Court | Tel. 08 44/4 82 77 77 | www.hrp.org.uk | Sommer tgl. 10–18, Winter bis 16.30 Uhr | ab 21,30 £

HAM HOUSE südwestl. A6

Flussaufwärts von Richmond, an der Themse und nicht weit vom schönen Richmond Park entfernt, steht dieses Herrenhaus, das James I. 1610 für einen seiner Höflinge erbauen ließ. William Murray und seine Tochter Elizabeth dekorierten das prächtige Backsteingebäude mit schönen Möbelstücken, Rokokospiegeln und Gobelins und legten einen sehenswerten **Barockgarten** an.

Von Feb.–Okt. verkehrt eine kleine Fähre auf der Themse zum gegenüberliegenden Marble Hill House mit Park, 1724 für die Geliebte von George II. gebaut.

Ham | Ham Street, TW 10 | U-Bahn: Richmond, dann Bus 371 | Tel. 0 20/89 40 19 50 | www.nationaltrust.org.uk/ham-house | März–Okt. tgl. 12–16 Uhr, Okt.–Feb. nur mit Führung, Garten tgl. 10–17 Uhr | 12,50 £

RICHMOND PARK westl. A6

Dies ist der größte der acht königlichen Parks in und um London, die einst als Jagdgründe der Monarchen dienten. Richmond Park wurde 1625 als Hirschpark für Charles I. angelegt, und noch heute laufen hier Herden von Rot- und Damwild frei herum. Von der Anhöhe **King Henry's Mound** kann man bis zur City und der St Paul's Cathedral blicken. Nach einem langen Spaziergang lädt das Café der Pembridge Lodge zum gemütlichen Afternoon Tea ein.

Richmond | U-Bahn: Richmond

MERIAN EMPFEHLUNG   14

KEW GARDENS westl. A6

Der Grundstein für die Royal Botanic Gardens am Themse-Ufer, kurz **Kew Gardens** genannt, wurde 1759 von der deutschen Prinzessin Augusta von Sachsen-Gotha-Altenburg gelegt. Das 121 ha große Gelände ist nicht nur eine traumhafte Gartenanlage mit uralten Bäumen, Teichen, Wanderwegen und Gewächshäusern, sondern auch eine weltberühmte Forschungsanstalt. Sehenswert sind das 2018 restaurierte Temperate House, die älteste noch stehende Glaskonstruktion aus viktorianischer Zeit; die 1762 errichtete, 50 m hohe, mit Drachen verzierte Pagoda und die beiden Galerien botanischer Kunst: Marianne North und Shirley Sherwood. Der schlichte Backsteinbau Kew Palace, der George III. gehörte, kann im Sommer besichtigt werden. Von einer würzig duftenden Baumkrone zur nächsten wandert man auf dem 18 m hohen und 200 m langen Treetop Walkway und ist dem Himmel dabei ganz nahe.

Kew | Kew Road, Richmond, Surrey | U-Bahn: Kew Gardens | Tel. 0 20/83 32 56 55 | www.kew.org | März–Okt. tgl. 10–18, Nov.–Feb. 10–15.45 Uhr | 16,50 £

CHISWICK HOUSE   westl. A6

Die hochherrschaftliche Villa im westlichen Stadtteil Chiswick ließ sich Richard Boyle, der dritte Graf von Burlington, 1725 erbauen. Als Vorbild diente ihm Andrea Palladios Villa Rotonda in Vicenza. Hier bewirtete er die Elite der Londoner Gesellschaft (Boyle war auch einer der Förderer des Komponisten Georg Friedrich Händel). Skulpturen von Burlingtons Vorbildern, Inigo Jones und Andrea Palladio, schmücken die Frontseite des Hauses. Besonders sehenswert sind die parkähnlichen Gärten, die der Architekt und Landschaftsgestalter William Kent im 18. Jh. schuf und die 2010 wiederhergestellt wurden. In der Gartenanlage wurden übrigens 1966 zwei Musikvideos der Beatles gedreht, darunter »Paperback Writer«.

Chiswick | Burlington Lane, W 4 | U-Bahn: Turnham Green | www.chgt.org.uk | April–Okt. Mo, Mi 11–15, Sa, So 11–16 Uhr | 7,80 £ | Garten ab 7 Uhr, Eintritt frei

HOGARTH'S HOUSE   westl. A6

Nicht weit von Chiswick House entfernt steht das Landhaus des sozialkritischen englischen Malers und Grafikers William Hogarth (1697–1764), der sich dieses Anwesen mit hübschem Garten im ruhigen Chiswick bauen ließ, als Ausgleich zum lebhaften Leicester Square, wo er wohnte. Hogarth malte in seinem Gartenstudio bis zu seinem Tod.

Chiswick | Hogarth Lane, W 4 | U-Bahn: Turnham Green |
Tel. 0 20/89 94 67 57 | Di–So 12–17 Uhr | Eintritt frei

Essen und Trinken

Gegenüber dem Palast
THE MUTE
SWAN südwestl. A6
Nur ein paar Schritte vom
Hampton Court Palast ent-
fernt, kann man sich in dieser
gemütlichen Gaststätte von
ausgiebigen Besichtigungen
erholen. Internationale Küche und eine große Auswahl
guter Biere und Weine.
Hampton Court | 3 Palace Gate,
KT8 | Bahn: Hampton Court |
Tel. 0 20/89 41 59 59 | www.
muteswan.co.uk | tgl. 11–23, So
bis 22.30 Uhr | €

Mit Themseblick
ROEBUCK westl. A6
Auf dem Richmond Hill ein
kühles Bier trinken mit Blick
auf die berühmte Themse-
schleife rundet einen Besuch
in Richmond und Ham ab.
Richmond | 130 Richmond Hill,
TW 10 | U-Bahn: Richmond |
Tel. 0 20/89 48 23 29 |
Mo–Do 12–23, Fr, Sa bis 24,
So bis 22.30 Uhr | €

Fast im Grünen
THE GLASS-
HOUSE westl. A6
Empfehlenswert in Verbin-
dung mit einem Besuch von
Kew Gardens. Französische
Küche auf hohem Niveau.
Kew | 14 Station Parade, TW 9 |
U-Bahn: Kew Gardens |
Tel. 0 20/89 40 67 77 |
www.glasshouserestaurant.co.uk |
Di–Sa 12–14.30 und 18.30–21.30,
Fr, Sa bis 22.30, So 12.30–16 Uhr |
€€€

IM NORDEN UND NORDOSTEN

Sehenswertes

KEATS HOUSE nördl. A1
Im idyllischen Hampstead wohnte der Dichter John Keats, und
hier entstand seine berühmte »Ode to a Nightingale«.
Hampstead | Keats Grove, NW 3 | Bahn: Hampstead Heath | www.city
oflondon.gov.uk | Tel. 0 20/73 32 38 68 | Mi–So 11–17 Uhr | Eintritt 7,50 £

HAMPSTEAD HEATH nördl. D/E1

Das 320 ha große Heideland, halb Wald, halb Park mit mehreren großen Teichen, ist einer der höchste Punkte Londons und steht unter Naturschutz. Vom Parliament Hill liegt einem die City zu Füßen. Wer im Sommer um 4 Uhr morgens dahin aufbricht, wird mit einem herrlichen Sonnenaufgang belohnt.
Hampstead Heath | Bahn: Hampstead Heath

KENWOOD HOUSE nördl. E1

Das aus der Stuart-Zeit stammende Gebäude mit seiner klassizistischen Fassade und der Orangerie wurde 1766 umgebaut. Neben der prachtvollen Bibliothek beherbergt es heute eine Kunstgalerie und das Brew House Café.
Hampstead | Hampstead Lane, NW 3 | U-Bahn: Archway, dann Bus 210 | www.english-heritage.org.uk | tgl. 10–17 Uhr | Eintritt frei

HIGHGATE CEMETERY nördl. E1

Viktorianischer Friedhof im Norden, mit den Gräbern von Karl Marx und »Per Anhalter«-Autor Douglas Adams.
Highgate | Swain's Lane, N6 | U-Bahn: Archway | www.highgatecemetery. org | Ostfriedhof tgl. 10–17, Nov.-Feb. bis 16 Uhr | Eintritt 4 £ | Westfriedhof nur mit Führung Mo–Fr 13.45, Sa, So 11–16 Uhr | Eintritt 12 £

Essen und Trinken

Beste Pizza am Ort
MIMMO LA BUFALA nördl. E1

Nachdem Besitzer Mimmo viele Jahre die Restaurant-Kette Fratelli La Bufala geleitet hatte, machte er mit großem Erfolg sein eigenes Restaurant auf.
Hampstead Heath | 45A Southend Road, NW 3 | Bahn: Hampstead Heath | Tel. 0 20/74 35 78 14 | www.mimmolabufala.co.uk | Di–So 12–23 Uhr | €€

Regional, saisonal, bio
DUKE OF CAMBRIDGE K1

Die erfahrene Pubwirtin und leidenschaftliche Köchin Geetie Singh setzte ihre »grünen« Ideale in diesem ersten Bio-Pub in Islington 1998 um. 90 % der verwendeten Lebensmittel stammen von heimischen Bauernhöfen.

Der Wunsch nach Sammlerglück eint die Besucher des Antikmarkts in Camden.

Islington | 30 St Peter's Street, N 1 | U-Bahn: Angel | Tel. 0 20/73 59 30 66 | www.dukeorganic.co.uk | Mo–S0 12–23/22.30 Uhr | €€

Einkaufen

Suchen und Finden
CAMDEN PASSAGE MARKET nördl. J1

Einer der schönsten und vielfältigsten Märkte schlängelt sich durch Camden Passage, Pierrepont Arcade und entlang der Islington High Street. Auf der Suche nach dem Lieblingsbuch oder der alten CD begegnet man vielleicht Ex-Beatle Paul McCartney, der ebenfalls gern über Antiquitätenmärkte schlendert.

Islington | Upper Street, N 1 | U-Bahn: Angel | www.camden passageislington.co.uk | tgl. 11–18 Uhr, Haupttage Mi und Sa 9–18, Fr 10–18, So 11–18 Uhr

IM OSTEN UND SÜDOSTEN

Sehenswertes

GEFFRYE MUSEUM I1

Das ehemalige Armenhaus aus dem 17. Jh. zeigt anhand von Räumen, die im Stil verschiedener Jahrhunderte eingerichtet sind, die Geschichte der englischen Innenarchitektur. Es gibt elf Wohnzimmer von 1600 bis heute. Ebenfalls sehenswert ist der Garten, in vier Epochen eingeteilt.

Shoreditch | 136 Kingsland Road, E 2 | Bahn: Hoxton |
www.geffrye-museum.org.uk

BRICK LANE I2

Nicht weit entfernt von Spitalfields spürt man das multikulturelle Flair um die Brick Lane herum, wo sich Immigranten aus
Bengalen, aber auch junge Künstler und hippe Designer angesiedelt haben. Buntes Treiben beherrscht die Straßen, und farbenfrohe Saris schmücken die Schaufenster. Große Auswahl
an indischen und Bangladesh-Restaurants und Cafés.
Shoreditch | U-Bahn: Aldgate East | www.visitbricklane.org

WHITECHAPEL ART GALLERY I2

Seit über 100 Jahren gibt diese Galerie immer wieder neue Im-
pulse mit Werken großer Maler wie Pablo Picasso, Jackson Pollock und Mark Rothko, bis hin zu zeitgenössischen Künstlern.
Whitechapel | 77–82 Whitechapel High Street, E 1 | U-Bahn: Aldgate East |
www.whitechapelgallery.org | Di–So 11–18, Do 11–21 Uhr | Eintritt frei

MUSEUM OF LONDON DOCKLANDS östl. J2

Die 2000-jährige Geschichte des Londoner Hafens wird in einem ehemaligen Lagerhaus dargestellt: von der Römerzeit bis
zur Stilllegung in den 1980er-Jahren und dann ab dem Wiederaufbau der Gegend als wichtiger Finanzbezirk. Sehenswert
ist auch die nachgebaute viktorianische Hafengegend.
Canary Wharf | No. 1 Warehouse, West India Quay, E 14 | U-Bahn:
Canary Wharf, DLR: West India Quay | www.museumoflondon.org.uk/
docklands | tgl. 10–18 Uhr | Eintritt frei

CANARY WHARF östl. L3

Östlich der City liegt der andere Finanzbezirk Londons, Canary Wharf. Seit 1991 sprießen auf der Isle of Dogs gläserne Wolkenkratzer aus dem Boden. »One Canada Square« war mit
235 m und 50 Stockwerken bis 2012 der höchste in Großbritannien. In dem modernen Geschäftsgebiet sind jetzt auch
viele schöne Geschäfte und Restaurants zu finden.
Isle of Dogs | U-Bahn, DLR: Canary Wharf | www.canarywharf.com

MERIAN EMPFEHLUNG **15**

GREENWICH östl. I6

Dieser Stadtteil im Südosten Londons steht für maritime Geschichte und die Berechnung der Zeit, war aber bereits vor
mehr als 500 Jahren bevorzugter Wohnort englischer Könige
sowie Geburtsort von Henry VIII. und Elizabeth I. Christopher Wren baute 1694 das Barockgebäude mit den Zwil-
lingskuppeln, das **Old Royal Naval College**. Auch der wunderschöne, 73 ha große **Greenwich Park** lohnt einen Besuch.
Kew | Kew Road, Richmond, Surrey | U-Bahn: Kew Gardens |
Tel. 0 20/83 32 56 55 | www.kew.org | März–Okt. tgl. 10–18 Uhr | 16,50 £

ROYAL MUSEUMS GREENWICH nordöstl. I6

Seit ihrem Diamantenen Thronjubiläum 2012 hat die Queen
das UNESCO-Weltkulturerbe Greenwich zum »Royal Borough« erhoben. Das **National Maritime Museum**, das weltweit größte Schifffahrtsmuseum (Eintritt frei), die **Royal Observatory** Sternwarte mit dem Nullmeridian (Eintritt 16 £),
das wunderschöne Queen's House (Eintritt frei) und der Teeklipper »Cutty Sark« (Eintritt 15 £) wurden unter dem neuen
Namen **Royal Museums Greenwich** zusammengefasst. Ein
erhabenes Gefühl ist es, auf dem Nullmeridian zu stehen, mit
einem Fuß auf der westlichen, mit dem anderen auf der östlichen Halbkugel.
Greenwich | Romney Road, SE 10 | DLR: Cutty Sark | www.rmg.co.uk |
tgl. 10–16.30 Uhr

EMIRATES AIR LINE östl. I4

Fast 2000 Jahre ist es her, seit die Römer hier die erste Brücke
über die Themse gebaut haben. Nun »fliegt« man in 5 Min. per
Cable Car 90 m über den Fluss vom Nordufer nach Greenwich
und zur O2-Arena. Schöner Blick über die Docklands.
Nord-Terminal: Royal Docks | 27 Western Gateway, E 16 | DLR: Royal
Victoria | Süd-Terminal: Greenwich Peninsula | Edmund Halley Way,
SE 10 | U-Bahn: North Greenwich | www.emiratesairline.co.uk |
April–Sept. Mo–Do 7–22, Fr 7–23, Sa 8–23, So 9–22, Okt.–März
So–Do bis 21 Uhr | Einzelfahrt 4,50 £, Kinder 2,30 £

Brick Lane im Wandel der Zeiten

Fährt man auf dem Oberdeck eines roten Doppeldeckerbusses durch London, hört man außer Englisch viele unterschiedliche Sprachen. Sei es Chinesisch, Arabisch, Portugiesisch und natürlich auch das Englisch der Menschen aus den ehemaligen britischen Kolonien. Mehr als ein Drittel aller London-Bewohner ist im Ausland geboren. Menschen aus 270 Nationen leben hier friedlich zusammen, trotz der 300 Sprachen und Dialekte, die sie sprechen. Die britische Hauptstadt ist so bunt und vielfältig, dass ein neuer Ausdruck dafür kreiert wurde: »Super-Multikulturalität«. Doch das ist nichts Neues. Seit Jahrhunderten ist London gleichermaßen ein Schmelztiegel und Magnet für Menschen aus aller Welt.

Sogar in der vornehmen Einkaufsgegend **Knightsbridge** erlebt man dies. Vor dem Luxuskaufhaus Harrods steigen Damen in schwarzen Burkas aus Limousinen. Im selben Moment spaziert ein Herr in bayerischen Lederhosen vorbei. Eine junge Frau im bunten Sari schiebt einen Kinderwagen, und Jugendliche mit Afrofrisuren warten an der Bushaltestelle. Niemand dreht sich um, niemand nimmt davon Notiz: Alle gehören zum Stadtbild Londons.

Ins **East End**, rund um die Brick Lane, kommt man vor allem, um eines der zahlreichen indischen Restaurants zu besuchen. Dort locken kulinarische Köstlichkeiten, die einem das Wasser im Munde zusammenlaufen lassen. Gerichte wie *chicken tikka, onion bhajis* und *tarka dhaal* stehen seit Langem auf dem Speisezettel der Briten. Doch was von Besuchern als Indisch empfunden wird, kommt tatsächlich aus einem anderen Land. Brick Lane bildet das Zentrum der Bangladeshi Community. Aufgrund von politischen Unruhen in den 1950er- bis 1970er-Jahren kamen viele Bangladeshis auf der Suche nach Stabilität und einem besseren Lebensstandard nach London. Die meisten ließen sich im East End nieder, das man jetzt »**Banglatown**« nennt.

London ist ein Schmelztiegel von Menschen aus aller Welt, die friedlich nebeneinander leben und sich respektieren. Besonders bunt: die Gegend um die Brick Lane.

Doch waren die Bangladeshis nicht die ersten Einwanderer
in Brick Lane und Umgebung. Als es noch keine kommerziellen Flüge gab, haben sich Neuankömmlinge meist dort nieder-
gelassen, wo die Schiffe anlegten, mit denen sie aus ihren Hei-
matländern kamen. Dies trifft auch auf das East End zu, denn
vom Londoner Hafen kommend, war es der erste Anlaufpunkt
für Ausländer.

Vor den Bangladeshis gab es Anfang des 20. Jahrhunderts
eine Einwanderungswelle von osteuropäischen und russischen
Juden. Sie richteten sich in den Häusern ihrer hugenottischen
»Vorgänger« ein, die als Protestanten Ende des 17. Jahrhunderts aus Frankreich vor religiöser
Verfolgung geflohen waren. Natürlich hatte jede dieser Bevölkerungs-
gruppen ihre Gotteshäuser, ein prä-
gnantes Beispiel dafür ist die heutige
Brick Lane Mosque, eine Moschee,
die zuvor eine Synagoge war und wiederum davor in 1743 als
Hugenottenkirche errichtet wurde. Dies zeigt anschaulich, wie
Multikulturalität entstehen kann.

»We are all Londoners,
... egal wo wir herkommen.«
Sadiq Khan (1970) Bürger-
meister von London

So leben in London Menschen verschiedenen Ursprungs
friedlich zusammen oder nebeneinander her. Man respektiert
sich und ist höflich zueinander. Das macht Londons besonderen Charme aus.

QUEEN ELIZABETH OLYMPIC PARK nordöstl. l1

»London 2012«, wie die Olympischen Spiele in England hießen, hat riesige Brachlandflächen im Osten in blühende Gärten, Parks und Wasserwege verwandelt. Das Gelände heißt nunmehr Queen Elizabeth Olympic Park. Auch einige der Sportstätten, wie das Aquatics Centre, blieben erhalten. Eine Art Wahrzeichen stellt die 114,5 m große ArcelorMittal Orbit-Skulptur mit Aussichtsturm dar, jetzt mit der längsten Tunnelrutschbahn der Welt ausgestattet.

Stratford | Westfield Avenue, E 20 | U-Bahn: Stratford | www.queenelizabetholympicpark.co.uk

Essen und Trinken

Maritime Atmosphäre
CUTTY SARK östl. l6

Hocker aus Teekisten sowie der Blick auf Canary Wharf und das O2 machen diesen urigen Pub an der Themse interessant.

Greenwich | 4–6 Ballast Quay, Lassell Street, SE 10 | DLR: Cutty Sark, Greenwich | Tel. 0 20/88 58 31 46 | www.cuttysarkse10.co.uk | Mo–Sa 11.30–23, So 12–22.30 Uhr | €

Alte Schmugglerkneipe
PROSPECT OF WHITBY östl. l4

Mit beinahe 500 Jahren Londons ältester **Riverside-Pub** direkt am Themseufer. Hier aß »Hanging Judge« Jeffries genüsslich zu Mittag, während die Sünder, die er verurteilt hatte, vor dem Pub am Galgen baumelten. Auch die Maler Whistler und Turner kehrten hier ein. Dunkle Balken, Holzvertäfelung und Original-Steinfußboden schaffen Atmosphäre.

Wapping | 57 Wapping Wall, E 1 | DLR: Shadwell | Tel. 0 20/74 81 10 95 | €

Einkaufen

Stylish und trendy
OLD SPITALFIELDS MARKET l2

Im neu entdeckten Stadtteil Shoreditch ist der Markt in den alten Hallen von 1887 in den letzten Jahren sehr »trendy« geworden und überzeugt durch eine herrliche Vielfalt von Kunst und Vintage-Kleidung bis hin zu Antiquitäten und Trödel. Haupttage sind Donnerstag bis Sonntag.

Multikulti vom Feinsten: Mit seiner Fülle an exotischen Früchten, Gewürzen und anderen Köstlichkeiten spricht der Brixton Market alle Sinne an.

Shoreditch | Brushfield Street, E 1 | U-Bahn: Liverpool Street | www.oldspitalfieldsmarket.com | Mo–Fr 10–20, Sa bis 18, So bis 17 Uhr

Ein Shoppingriese
WESTFIELD STRATFORD CITY nordöstl. I1

Das 2011 eröffnete Einkaufszentrum am Queen Elizabeth Olympic Park ist mit einem Areal von 175 000 m² und mehr als 250 Geschäften, 65 Restaurants, Cafés, Kneipen, Kino und Casino eines der größten in ganz Europa.

Stratford | Queen Elizabeth Olympic Park, E 20 | U-Bahn, DLR: Stratford | www.uk.westfield.com/stratfordcity | Mo–Fr 10–21, Sa 9–21, So 12–18 Uhr

Flair der Karibik
BRIXTON MARKET südl. G6

Hier gibt es eine herrliche Auswahl an afrokaribischen Lebensmitteln, Gewürzen und Spezialitäten, aber auch Stoffe, Secondhand-Kleidung und Trödel. Dieser teilweise überdachte Markt hat seit 2009 seine eigene Währung, das »Brixton Pound«.

Brixton | Electric Avenue, SW 9 | U-Bahn: Brixton | www.brixtonmarket.net | Mo, Di, Do–Sa 8–18, Mi bis 15 Uhr

Ein königlicher Park: Der unweit der Themse gelegene Greenwich Park zählt zu den schönsten Grünanlagen der Stadt. Jedes Frühjahr startet hier der London-Marathon.

SPAZIERGÄNGE UND AUSFLÜGE

SPAZIERGANG

Fleet Street –
Die Straße der Tinte und Justiz

Die Fleet Street war jahrhundertelang das Zentrum der englischen Presse, bis moderne Technik ihr das Handwerk legte. Aber die Justiz ist noch da: die Gerichtshöfe Old Bailey und Royal Courts of Justice und die Anwaltskammern. Dazwischen finden sich interessante Pubs und geheimnisvolle Winkel.

Start: St Paul's Cathedral, **Ziel:** Lincoln's Inn Fields

Der Spaziergang führt durch die City, einen der ältesten Teile Londons, und das ehemalige Presseviertel bis nach Holborn, die historische Gegend des Rechtswesens. Von der Westseite der St Paul's Cathedral folge man nur dem Blick der Statue von Queen Anne den Ludgate Hill hinunter. Sie war die damalige Königin, als Christopher Wren 1710 die Kathedrale vollendete.

① JUSTITIA WACHT VOM OLD BAILEY

Der **Central Criminal Court** in der Straße **Old Bailey** ist das oberste Gericht Englands. Das 1907 errichtete Neu-Barock Gebäude wird von einer 20 m hohen Kuppel bekrönt, auf der eine goldene »Justitia« mit Schwert und Waage in den Händen über London blickt. Hier finden Prozesse für Schwerverbrechen in der altmodisch-traditionellen Weise und der gedrechselten englischen Justizsprache statt. Einst stand an diesem Ort das Gefängnis Newgate Prison, das als eins der furchterregendsten im ganzen Land galt. Zeitgenossen meinten, dass Dante die Zustände hier sicher als »Inferno« bezeichnet hätte. Interessant, dass einer dieser Zeitgenossen Casanova hieß, der hier Insasse war. Genau wie Daniel Defoe (1660–1731).

② FURCHTERREGENDER GLOCKENKLANG

In Old Bailey sollte man sich die sehr alte Kirche **St Sepulchre without Newgate** ansehen. Die ersten Schriften über diese Kirche stammen von 1137. Das Gotteshaus gilt als größte Pfarrkirche der City und ist als »Kirche der Musiker« bekannt, denn die **Musicians Chapel** an der Nordseite ist vielen bekannten Musikern gewidmet. Ihr eigentlicher Name war St Sepulchre in Jerusalem, da eine enge Verbindung zur Heiligen Stadt durch die Kreuzritter bestand, die hier den letzten Segen bekamen, bevor sie ins Heilige Land aufbrachen.

In früheren Zeiten fürchteten die Menschen den Klang der Glocken ihrer Pfarrkirche, denn sie kündigten die bevorstehende Hinrichtung eines der Gefängnisinsassen an.

③ DIE STRASSE DER TINTE

Erfahrene Journalisten gehen nicht ohne Wehmut durch die **Fleet Street**, diese als »Straße der Tinte« apostrophierte Meile der englischen Presse, wo alle News seit dem 16. Jh. das Leben so vieler Schreiber, Rechercheure und Drucker bestimmten.

Außer allen großen englischen Tageszeitungen, hatten auch deutsche Verlage ihre Londoner Büros in der Fleet Street, um direkt an der Quelle der neusten Nachrichten aus aller Welt zu sitzen; neben den großen internationalen Presse-Agenturen natürlich wie PA und Reuters. In den 1980er-Jahren verließen die großen Zeitungsverlage aus Spargründen die Gegend und zogen in neue moderne Büros in Wapping und Canary Wharf.

Unter der Fleet Street rauscht der **River Fleet** seit mehr als tausend Jahren. Er entspringt im nördlichen Hampstead und fließt durch Ost-London zur Themse. Als offenes Gewässer verursachte der Fluss in früheren Jahrhunderten einen schlimmen Gestank, sodass die Leute sich Riechsalz oder duftende Blümchen vor die Nase hielten. Erst 1737 wurde die Fleet unterirdisch abgeleitet.

④ KIRCHE DER JOURNALISTEN

In St Bride's Avenue liegt etwas versteckt die **St Bride's Church** mit dem vielfach gestuften, ungewöhnlichen Turm. Es heißt, dass dieser die Inspiration für hohe, mehrschichtige englische Hochzeitskuchen sei. Sie ist als »Kirche der Journalisten« bekannt und gedenkt der Reporter, die als Kriegsberichterstatter starben, aber auch des Buchdruckers William Caxton (1422–1491), der die erste Druckerpresse aus Brügge nach England brachte. Sein Projekt, OVID, ist hier im St Bride's Museum zu sehen.

⑤ PUBS UND LITERATEN

Ein Blick in das Pub **Ye Olde Cheshire Cheese** in der engen Passage Wine Office Court ist lohnend. Dieses Pub war nach dem Großen Feuer von 1666 das erste, das wiederhergestellt war und im Laufe der Jahrhunderte viele bekannte literarische Kunden hatte, angefangen mit dem Essayisten und Lexikografen **Dr. Samuel Johnson** (1709–1784), dessen Haus in No. 17 Gough Square besichtigt werden kann. Er schrieb das erste englische Lexikon, was neun Jahre in Anspruch nahm. Auch Charles Dickens und Mark Twain tranken im Ye Olde Cheshire Cheese ihr Ale.

⑥ KIRCHE FÜR EUROPA

Zwei Uhr-Riesen schlagen die Stunde an der Fassade der schönen Kirche **St Dunstan-in-the-West**, deren prachtvolle Uhr aus dem Jahre 1671 stammt. Sie war die erste öffentliche Uhr Londons mit Minutenzeiger. Dieses hoheitsvolle Zunft-Gotteshaus wurde 2003 zur »Kirche für Europa« ernannt.

⑦ RUHIGE OASE AN DER THEMSE

Zu den **Temple Rechtsschulen** gelangt man durch einen Torbogen in einem imposanten, schwarz-weißen Tudor-Gebäude mit Erkern, eins der wenigen Häuser, die den Großen Brand von London überstanden. **Middle Temple** und **Inner Temple** sind zwei der vier alten englischen Anwaltskammern: Hier befindet man sich im tiefsten Inneren des uralten, geheimnisvollen englischen Rechtssystems. Die Inns of Court bestehen seit dem Mittelalter, hier werden Jura-Studenten zu *Barristern* ausgebildet, Anwälten an oberen Gerichten.

Das hübsche Gelände mit den Amtsgebäuden, Innenhöfen und Gärten erstreckt sich bis hinunter zur Themse. Schon Charles Dickens sagte: »Wer hier eintritt, lässt den Lärm hinter sich.« Pump Court führt zur **Temple Church**, die 1180 für die Tempelritter gebaut wurde. Diese ungewöhnliche Kirche mit dem runden Turm ist der Grabeskirche in Jerusalem nachempfunden.

⑧ EIN DRACHE BEWACHT DIE CITY

In der Mitte der Fleet Street markiert ein Drache den Eingang zur City of London. Bis 1877 stand hier ein Torbogen, der schließlich dem Verkehr weichen musste und heute im Paternoster Square Platz gefunden hat. Stattdessen stellte man 1880 das **Temple Bar Monument** auf, eine bedrohlich aussehende Figur, die oft als *Griffin* (Greif) beschrieben wird, von der Historiker aber behaupten, dass es ein Drache sei.

Seit mehr als 400 Jahren, seit der Ära von Königin Elizabeth I., ist es Tradition, dass britische Monarchen an Temple Bar vom Bürgermeister in Empfang genommen werden. Bevor sie in den City-Bezirk eintreten darf, überreicht der Lord

Mayor der Queen ein mit Perlen geschmücktes Schwert als Beweis seiner Loyalität.

Neben dem Temple Bar Monument beeindruckt der imposante Bau der **Royal Courts of Justice**, auch Law Courts genannt. Hier fand 2007/08 die gerichtliche Untersuchung zum Tod von Prinzessin Diana statt. Architekt George Edmund Street entwarf den massiven, viktorianisch-gotischen Gebäudekomplex mit 88 Gerichtssälen. Zuschauer können die Verhandlungen von einer Besuchergalerie verfolgen.

⑨ SCHATZKAMMER FÜR SILBERFREUNDE

Die Chancery Lane führt zur größten der Juristenschulen, **Lincoln's Inn**, vorbei an dem Geschäft **Ede & Ravenscroft**, dem Perückenmacher für Richter und Anwälte, der seit 1689 nicht nur schwarze Justizroben, sondern auch zeremonielle Roben für die Königsfamilie anfertigt.

Die **London Silver Vaults** sollte man auf jeden Fall nicht verpassen. In sicher abgeschirmten Kellergewölben werden die schönsten Silbersachen angeboten, von antiken Stücken bis zu hochmodernen Kunstgegenständen.

Durch ein Eisengittertor gegenüber der Silver Vaults betritt man das Gebiet der historischen Anwaltskammern Lincoln's Inn. Dieser Gebäudekomplex geht auf das 13. Jh. zurück, mit einigen Bauten aus dem 15. Jh. Oliver Cromwell und der Dichter John Donne studierten hier. Zum Westen hin liegt der größte Square Londons, **Lincoln's Inn Fields**.

⑩ ZWEI UNTERSCHIEDLICHE SAMMLUNGEN

Wer nach dem Spaziergang noch Zeit und Lust hat, kann sich zwei sehr unterschiedliche Museen anschauen. An der Nordseite von Lincoln's Inn Fields, Nr. 13, befindet sich das **Sir John Soane's Museum**. Es ist vollgestopft mit architektonischen Sammelstücken aus aller Welt, die der Architekt John Soane (1753–1826) zusammentrug.

An der Südseite, im Royal College of Surgeons, No. 35–43, ist im **The Hunterian Museum** die etwas makabre Sammlung des Chirurgen John Hunter zu sehen.

SPAZIERGANG

Rund um Greenwich – Geburtsort der britischen Seemacht und Zeitmessung

Als einer der hübschesten Bezirke Londons wird Greenwich oft beschrieben. Doch der Geburtsort von Henry VIII. bezaubert nicht nur mit herrlicher Architektur und einem wunderschönen Park. Hier kann man auch alles über die Geschichte der Seefahrt und Zeitmessung lernen und auf dem Nullmeridian stehen.

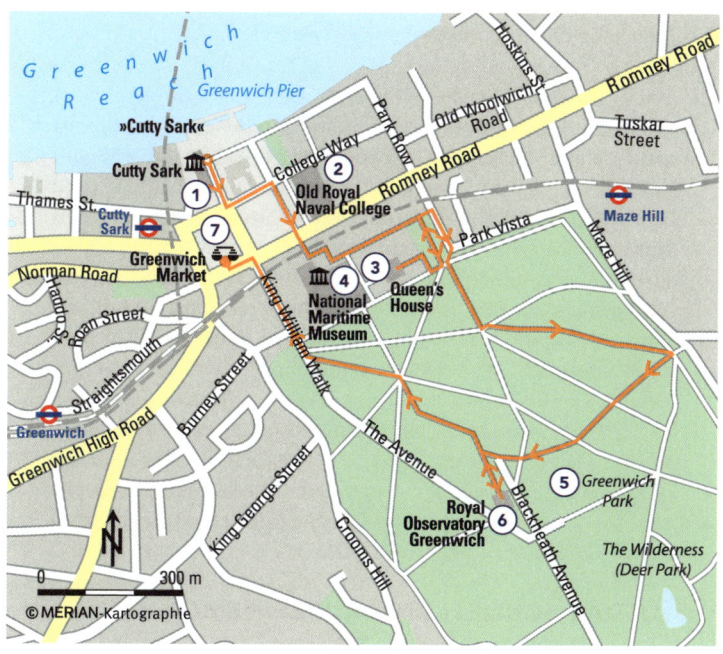

Start: Cutty Sark, **Ziel:** Greenwich Market

Der 1869 vom Stapel gelaufene Teeklipper »Cutty Sark«, der mehrfach durch Feuer beschädigt wurde, dient heute als Museumsschiff.

Nach Greenwich sollte man auf jeden Fall mit dem Boot fahren. Schon allein die **Themsefahrt** von Westminster Pier ist ein Erlebnis. London vom Wasser aus zu sehen – vorbei am Southbank Centre, Tate Modern, Shakespeare's Globe und St Paul's Cathedral. Unter den vielen interessanten Brücken hindurch bis zum trutzigen, fast klein wirkenden Tower of London, gegenüber der modernen City Hall, Amtssitz des Bürgermeisters. Die Tower Bridge, Wahrzeichen Londons, ist vom Boot aus besonders beeindruckend. Immer breiter wird die Themse, während sie sich gen Osten windet. Zwischen modernen Wohnhäusern links ganz klein macht man das weiße, uralte Pub Prospect of Whitby aus, vor dem früher Schmuggler am Galgen erhängt wurden. Schließlich erspäht man die Takelage des Segelschiffes »Cutty Sark« auf der Steuerbordseite und die prachtvollen weißen Gebäude des ehemaligen Royal Naval College.

① DAS SCHNELLSTE »KURZE HEMD«

Der Name des prächtigen Teeklippers »**Cutty Sark**« bedeutet »Kurzes Hemd« und stammt aus Robert Burns Gedicht »Tam O'Shanter«. Er ist das schnellste Segelschiff seiner Zeit und kann heute in einem glasüberdachten Trockendock bewundert werden, in dem er förmlich in der Luft schwebt, sodass man den eleganten Rumpf auch von unten betrachten kann. Interessant sind außerdem die 80 ausgestellten Galionsfiguren.

Am Ufer der Themse fällt das runde Backsteingebäude mit Glaskuppel auf, das den Eingang zum **Greenwich Foot Tunnel** markiert, ein Fußweg unter der Themse zum Nordufer.

② BEWEGTE GESCHICHTE DER MARINEAKADEMIE

Henry VIII. liebte den Greenwich Palast, heute das **Old Royal Naval College**, der hier seit 1443 stand. Auch »Palace of Placentia« genannt, war es sein Geburtort und der seiner beiden Töchter Mary I. und Elizabeth I. Charles II. ließ ihn 1660 schließlich abreißen, um einen neuen Palast zu bauen, doch stattdessen entstand das Royal Hospital for Seamen nach einem Entwurf von Architekt Christopher Wren. Er erbaute es in zwei Hälften, um die Sicht vom Queen's House bis runter zur Themse nicht zu unterbrechen. Bis 1998 bewohnte das Royal Naval College die Gebäude, in denen heute eine Universität und Musikschule untergebracht sind. Die herrlichen Bauten gehören zum Greenwich Weltkulturerbe, und einige können besichtigt werden, wie die griechisch nachempfundene **Chapel of St Peter and St Paul** und die wundervoll restaurierte **Painted Hall**. Sie wird wegen der bezaubernden Deckenmalerei »Sixtinische Kapelle Großbritanniens« genannt. Ganze 19 Jahre benötigte Maler Sir James Thornhill für sein Meisterwerk.

Direkt an der Themse trank Schriftsteller Charles Dickens im 1837 erbauten **Trafalgar Tavern Pub** sein Ale.

③ PALLADISCHER STIL IN ENGLAND

Von seinen Reisen nach Italien brachte Architekt Inigo Jones eine Sensation mit: den palladischen Baustil. Das **Queen's House** ist das erste Beispiel dieser klassischen Architektur in England. Es wurde 1636 erbaut und war eigentlich für Anne von Dänemark gedacht, die Frau von James I., doch sie erlebte die Vollendung nicht mehr. Henrietta Maria, Frau von Charles I. übernahm es und ließ es mit schönen Marmorböden und bemalten Holzpanelen ausstatten. Bewundernswert sind die *tulip staircase* (Treppe) und die schönen alten Gemälde. Die Ausstellung zur Geschichte von Greenwich ist sehr interessant.

④ SEEHELDEN UND ENTDECKER

Das **National Maritime Museum** ist das weltweit größte Schifffahrtsmuseum. Alles, was mit Meeren und Schifffahrt zu tun hat, wird hier anschaulich dargestellt, von Schiffsmodellen bis zur Geschichte britischer Entdecker wie Captain Cook und Ernest Shackleton. Sogar die Uniform von Lord Horatio Nelson, in der er während der Seeschlacht von Trafalgar 1805 erschossen wurde, kann bestaunt werden.

⑤ KÖNIGLICHER JAGDGRUND

Der wunderschöne, 73 ha große **Greenwich Park** ist der älteste der Royal Parks in London. Auch er war einst Jagdgrund der Könige, in dem noch heute Rehe gehalten werden. Hier liegt einem die Themse, Canary Wharf und ganz London zu Füßen. Besonders schön ist der Blick am Abend, wenn in der Stadt die Lichter angehen. Während der Olympiade 2012 wurden hier Reitsport-Ereignisse veranstaltet.

⑥ GEBURTSORT DER GREENWICH MEAN TIME

Das **Royal Observatory Greenwich** wurde im Jahre 1675 von Charles II. erbaut und John Flamsteed zum ersten Hofastronomen ernannt. Eine Ausstellung erklärt die Greenwich Mean time, die hier 1884 festgelegt wurde. Sehenswert sind auch die edlen Marinechronometer von Uhrmacher John Harrison. Im Hof der Sternwarte ist der Nullmeridian, von dem alle geografischen Längen und Zeitzonen gemessen werden, als Metalllinie in den Boden eingelassen. Besucher stehen gern mit einem Fuß auf der östlichen und dem anderen auf der westlichen Halbkugel.

Idyllisch auf einer Anhöhe im Grünen gelegen: das Royal Observatory mit dem von Sir Christopher Wren 1676 entworfenen Flamsteed House.

Neben der Sternwarte ragt das **Peter Harrison Planetarium** wie ein schräger Bronzekegel aus dem Boden, in dem man sich mithilfe der Technik ins Weltall begeben kann, um den Sternen ganz nahe zu sein.

⑦ GREENWICH VILLAGE

Im Örtchen Greenwich ist das **Fan Museum** einen Besuch wert, das einzige Museum der Welt, das sich ausschließlich mit Fächern beschäftigt und 3500 Exponate aus unterschiedlichen Epochen besitzt. Ebenfalls einen Besuch lohnt die anglikanische **St Alfege Church**, die von 1712 bis 1714 von Nicholas Hawksmoor errichtet wurde. Den Spaziergang sollte man auf dem **Greenwich Market** beenden, einem der interessantesten und ältesten Märkte Londons. Zwar wurde er offiziell erst im Jahre 1737 eröffnete, man vermutet seinen Ursprung aber im 14. Jh. Wer sich für Kunsthandwerk, Antiquitäten oder rare Sammlerstücke interessiert, ist hier goldrichtig. Man kann sich aber auch nur in ein Café oder Restaurant setzen und von dort aus dem geschäftigen Treiben zusehen.

AUSFLUG
Windsor und Windsor Castle

Das 33 km westlich von London gelegene mittelalterliche Städtchen wird vom gewaltigen Windsor Castle dominiert. Das Schloss wird von Königin Elizabeth II. für Staatsempfänge, aber auch als privater Rückzugsort genutzt. Ist die Fahne gehisst, weiß man, dass die Queen zu Hause ist.

Anfahrt: 35 km westlich von London gelegen, zu erreichen über die M4, mit der Bahn ab Paddington und Waterloo, Anfahrtsdauer: ca. 45 Min. **Dauer:** Tagesausflug

William the Conqueror begann vor über 900 Jahren den Bau der Festung Windsor Castle auf einem steil abfallenden Kreidehügel. Seit mehr als 850 Jahren ist sie die Privatresidenz aller englischen Monarchen und zugleich das größte bewohnte Schloss Englands. Sehenswert ist der imposante **Schlossbereich**, die **State Apartments** mit ihren Waffen, Rüstungen, Gemälden alter Meister sowie **Queen Mary's Dolls' House**, ein riesiges handgefertigtes Puppenhaus, das im Jahre 1924 von Sir Edwin Lutyens entworfen wurde. Ausgesprochen gelungen ist die nach dem Brand im Schloss 1992 neu errichtete **St George's Hall**, in der die Queen zu Staatsbanketten bittet.

Ein Besuch der **St George's Chapel** am Fuß des Schlosses ist sehr zu empfehlen: Sie wurde 1478 von Edward IV. zu Ehren des hl. George erbaut, des Schutzheiligen des »Order of the Garter« oder Hosenbandorden, dessen farbenprächtige Zeremonie jedes Jahr im Juni stattfindet. Sehenswert sind in der Kirche, außer den Bannern der Ritter, das reiche Chorgestühl und die Gruften von zehn Königen sowie von Queen Mum und ihrer Tochter Prinzessin Margaret, die beide 2002 gestorben sind. St George's Chapel ist die Privatkapelle der Königsfamilie. Sie ist täglich außer sonntags zu besichtigen.

Südlich des Schlosses, im **Windsor Home Park**, steht Frogmore House, das Landhaus von Queen Charlotte. Es kann im

Der über 4 km lange Long Walk führt durch den Park von Windsor zum Schloss. Sind nur wenige Menschen unterwegs, lässt sich hier auch Rotwild blicken.

August nur mit Führung besichtigt werden. Dieses 1680 erbaute, elegante Landschlösschen diente George III. und seiner Familie als Wochenendresidenz.

Der Ort **Windsor** selbst wirkt wie ein antiquarisches Kleinod mit engen Gassen und Kopfsteinpflaster, gut zu besichtigen von einem neuen Wanderweg aus. Der **Queen's Walkway** führt seit dem 9. September 2015 durch die Stadt, dem Tag, an dem Königin Elizabeth II. als am längsten regierende Monarchin in die britische Geschichte einging. Er führt an 63 Sehenswürdigkeiten vorbei, Symbol für ihre 63 Thronjahre und ist durch Tafeln am Weg gekennzeichnet. Hübsch ist auch das Windsor Royal Shopping Centre im alten Bahnhofskomplex.

Informationen

Windsor Castle

Mo–Sa 11 Uhr zur Wachablösung (im Winter nur alle zwei Tage)
Tel. 03 03/1 23 73 04 | www.rct.uk/visit/windsor-castle | März–Okt.
tgl. 10–16, Nov.–Feb. tgl. bis 15 Uhr | Eintritt 22,50 £

Horse Guards Parade: Auf dem Paradeplatz nahe der White Hall findet jährlich im Juni anlässlich der Geburtstagsfeier der Queen die Parade »Trooping the Colour« statt.

WISSENSWERTES

SERVICE

Anreise und Ankunft
Mit dem Auto
Der Autozug **Le Shuttle** durch den Eurotunnel von Calais nach Folkestone benötigt 35 Min. Über die Autobahn M 20 sind es 120 km nach London.
www.eurotunnel.com
Die Überfahrt mit der Autofähre von Calais oder Dünkirchen nach Dover dauert ca. 90–120 Min.
www.dfdsseaways.co.uk,
www.poferries.com

Mit der Bahn
Der Passagierzug **Eurostar** fährt von Brüssel, Paris, Lille oder Calais zum Bahnhof St Pancras International. Die Fahrzeit von Brüssel beträgt 1 Std. 55 Min., von Paris 2 Std. 15 Min.
www.eurostar.com

Mit dem Bus
www.eurolines.de,
www.flixbus.de

Mit dem Flugzeug
London hat fünf Flughäfen: Heathrow, Gatwick, Stansted, Luton und London City Airport. Beim Buchen sollte man die ggfs. lange und teure Fahrt vom Flughafen in die Innenstadt bedenken!

Vom Flughafen in die Stadt
Heathrow Airport (24 km westl. von London): Heathrow Express Zug nach Paddington, alle 15 Min., Fahrzeit 15–21 Min., Fahrpreis ab 22 £. U-Bahn: alle 5 Min. nach Central London, Fahrtdauer ca. 50–60 Min., Preis 6 £. Taxi: 48–90 £, ca. 60 Min., je nach Verkehrslage.

Gatwick (45 km südl. von London): Gatwick Express Zug nach Victoria Station, Dauer 30 Min., alle 15 Min., Fahrpreis ab 17,80 £. Southern Rail: alle 15 Min. nach Victoria Station, Dauer: 35 Min., Preis ab 16,70 £. Easy Bus nach Earls Court, alle 15–20 Min., dauert 1 Std., Preis 2–10 £. Taxis 95 £, Dauer ca. 65 Min.

Stansted Airport (56 km nordöstl. von London): Stansted Express Zug nach Liverpool Street Station (alle

15 Min.), Dauer 47 Min., 18,90 £. Bus: National Express A6 nach Victoria (alle 20 Min.), Dauer ca. 90 Min., 12 £. Oder easy Bus nach Baker Street: 2–10 £, Taxi: 99 £, dauert ca. 60–90 Min.

Luton Airport (52 km nördl. von London): Zug 45 Min. nach St Pancras Station, ca. 17,40 £. Bus nach Victoria, 10–12 £, Taxi: 75 Min., ca. 90 £.

London City Airport (16 km östl. von London): DLR nach Bank (Dauer 22 Min.), dort in die U-Bahn umsteigen, Kosten 4,90 £, Taxi: ca. 35 £.

Auskunft
Visit Britain
www.visitbritain.de und www.visitbritainshop.com

Buchtipps
Drei Mann in einem Boot. Ganz zu schweigen vom Hund! (Manesse Verlag 2018) Berühmter 1889 erschienener Klassiker britischen Humors von Jerome K. Jerome, neu übersetzt und aufgelegt. Drei junge Männer und ein Hund machen zwei Wochen lang eine Ruderpartie auf der Themse.

Sherlock, der Feuerwehrhund: Lebensretter auf vier Pfoten (Penguin Verlag 2019) Wahre Geschichte eines Brandermittlers der Londoner Feuerwehr, der den aufgeweckten Spürhund Sherlock anvertraut bekommt.

Fortnum & Mason: A Very British Christmas. Rezepte und Geschichten (Christian Verlag 2019) Ein edles Kochbuch für ein authentisches englisches Weihnachtsfest mit 111 Rezepten. Der renommierte Food-Kritiker Tom Parker Bowles beschreibt Traditionen und erzählt Geschichten rund um englische Feiertage von der Guy-Fawkes-Nacht bis Boxing Day und Neujahr.

Kleine Englische Literaturgeschichte (J. B. Metzler 2019) Eine kompakte, lebendig erzählte Geschichte der englischsprachigen Literatur der Britischen Inseln. Eine kurzweilige Lektüre mit nützlichen Hinweisen zu Land und Literatur.

Außerdem ist zu London ein **MERIAN-Magazin** erhältlich (2019).

Diplomatische Vertretungen

Botschaft und Konsulat der Bundesrepublik Deutschland E 5

23 Belgrave Square, SW 1 |
Tel. 0 20/78 24 13 00 |
Mo–Fr 9–11.30 Uhr,
nur mit Voranmeldung |
www.london.diplo.de

Botschaft und Konsulat der Republik Österreich E 5

18 Belgrave Mews West, SW 1 |
Tel. 0 20/73 44 32 50 | Mo–Fr
9–12 Uhr | www.bmeia.gv.at/
botschaft/london

Botschaft der Schweiz D 2

16–18 Montagu Place, W 1 |
Tel. 0 20/76 16 60 00 | Mo–Fr
9–12 Uhr | www.eda.admin.ch/
london

Feiertage

1. Januar New Year
Karfreitag
Ostermontag
Erster Mo im Mai May Day
Letzter Mo im Mai Bank Holiday
Letzter Mo im August Bank Holiday
25. Dezember Christmas Day
26. Dezember Boxing Day

Geld

1 Britisches Pfund (£) =
1,18 €/1,23 SFr
1 €   0,87 Pfund
1 SFr   0,77 Pfund
Kredit- und Debitkarten sind in Großbritannien sehr gebräuchlich, besonders die kontaktlosen NFC-Karten bis zu 30 £. Geldautomaten gibt es überall in der Stadt, auch gleich nach Ankunft an Flughäfen und Bahnhöfen.

Links und Apps

www.timeout.com/london beste Informationsquelle
www.londontown.com aktuelles Geschehen
www.ticketmaster.co.uk, www.seetickets.com Karten und Infos
www.whatsonstage.com und **www.officiallondontheatre. co.uk** Theater-Infos
www.opentable.co.uk und **www.squaremeal.co.uk** Restaurants

Taxis per App wie z. B. Uber
Tube Map Linien, Stationen und Statusinfo
Citymapper Routenplaner inkl. Verkehrsmittel und Taxi
London Pass Londoner Attraktionen

London Pass

Der **London Pass** bietet freien Eintritt zu über 80 Attraktionen. Wenn Sie während Ihres Aufenthalts mehr als drei Attraktionen sehen wollen, lohnt sich ein London Pass, erhältlich für 1, 2, 3, 6 oder 10 Tage. Preis: 75–159 £ **www.londonpass.de**

Medizinische Versorgung Krankenversicherung

Es empfiehlt sich für den Urlaub eine separate Reisekrankenversicherung abzuschließen.

Notruf

Euronotruf Tel. 112 (oder 999) (Polizei, Feuerwehr, Rettungsdienst)

Post

Die Briefkästen in Großbritannien sind rot. Briefmarken *(stamps)* erhält man in allen Postfilialen, aber auch Zeitungsläden und Supermärkten. Der Preis für eine Postkarte beträgt 1,35 £.

Reisedokumente

Deutsche, Österreicher und Schweizer können mit einem gültigen Reisepass oder Personalausweis einreisen.

Reiseknigge

Das Wichtigste immer und überall ist Höflichkeit! Begriffe wie *Please, thank you* und *sorry* fallen im Gespräch sehr häufig. An Haltestellen und Schaltern sollte man geduldig Schlange stehen. Anders im Pub, hier muss man an der Theke auf sich aufmerksam machen. Auf Rolltreppen, besonders in U-Bahnhöfen, steht man rechts. Links gehen die, die es eilig haben.

Rauchen ist in öffentlichen Gebäuden verboten, dazu in Pubs, Restaurants, Hotels, Taxis, Zügen, Bussen sowie auf Bahnhöfen und Flughäfen.

In Restaurants steht ein Trinkgeld von 12,5 % oft mit auf der Rechnung *(service charge)*, achten Sie darauf! Bei Taxis beträgt das *tip* meist 10 %. Für Hotels (Gepäckträger, Zimmermädchen) gilt das weltweit Übliche.

Reisewetter

Viel besser als sein Ruf – dank des Golfstroms. Im Februar blühen im Hyde Park schon Osterglocken. Mild und warm ab Ende April. Selbst im Winter sinken die Temperaturen kaum unter Null.

SERVICE

Sicherheit

London ist generell sehr sicher, aber wie in allen großen Städten ist Vorsicht in Menschenmengen, auf Einkaufsstraßen und in U-Bahnen geboten, ebenfalls an Geldautomaten. Benutzen Sie nur offizielle schwarze Taxis, besonders nachts. Lassen Sie Ihr Gepäck nie unbeaufsichtigt irgendwo stehen, insbesondere auf Bahnhöfen oder Flughäfen. Das könnte einen Bombenalarm auslösen.

Stadtbesichtigung

Deutschsprachiger Stadtrundgang mit Führung.
**www.londontoursauf
deutsch.com**

Stadtrundfahrt
Mit dem Bus

Eine Stadtrundfahrt mit »Hop-on, Hop-off«-Service bietet die beste Möglichkeit, sich einen Eindruck von dieser riesigen Stadt zu verschaffen. Viele Busse bieten mehrsprachigen Kommentar. Karten online buchen, in der Touristeninformation oder im Bus. 24 oder 48 Std. gültig.
– Big Bus Tours
Victoria | 48 Buckingham Palace Road, SW 1 | www.eng.bigbus-

tours.com | 24 Std. 35,10 £, 48 Std. 40,50 £

– The Original Tour
Trafalgar Square |
17–19 Cockspur Street, SW 1 |
www.theoriginaltour.com |
24 Std. 32,50 £, 48 Std. 42,50 £

Auf der Themse
– City Cruises
www.citycruises.com
– Thames River Services
www.thamesriverservices.co.uk
– Thames River Boats
www.wpsa.co.uk
– London Duck Tours
Stadtrundfahrt auf Land und Fluss | www.london-ducktours.co.uk

Strom

Für England wird ein Adapter vom Typ G benötigt. Englische Dreipol-Steckdosen haben einen Extraschalter zum Einschalten.

Telefon
Vorwahlen

D, A, CH ▶
Großbritannien 00 44
Großbritannien ▶ D 00 49
Großbritannien ▶ A 00 43
Großbritannien ▶ CH 00 41
London 0 20

In den meisten Hotels und Cafés ist der WLAN-Anschluss kostenlos.

Verkehr
Auto
Es ist ratsam, in London auf das Auto zu verzichten. Parkplätze sind teuer, schwer zu finden und gelten nur begrenzte Zeit (1–2 Std.). Strafzettel, Parkkralle oder Abschleppen kosten mindestens 100–200 £. Im Stadtkern fällt eine City-Maut *(congestion charge)* an: Mo–Fr 7–18 Uhr, 11,50 £ pro Tag (**www.tfl.gov.uk**). Abgesehen vom gewöhnungsbedürftigen Linksverkehr gilt im Kreisverkehr *(roundabout)* immer rechts vor links!

Fahrrad
6000 Leihräder an 400 *docking stations* stehen zum Mieten zur Verfügung. Zu erkennen an den roten Aufschriften »Santander Cycles«. Nur mit Kreditkarte benutzbar. Die ersten 30 Min. sind frei, plus 2 £ Tagesgebühr. Jede halbe Stunde danach kostet 2 £. Das Fahrrad kann an jeder beliebigen Docking Station abgestellt werden.
www.tfl.gov.uk

Zusätzlich sieht man meist leuchtend bunte Fahrräder von anderen Firmen herumstehen, zum Teil E-Bikes, die man per App mietet und dann einfach stehen lässt.

Öffentliche Verkehrsmittel
Bus
Der Verkehr macht fahrplanmäßige Pünktlichkeit unmöglich. Der Bus hält nicht an jeder Haltestelle automatisch, Heranwinken ist sicherer. An vielen Stopps zeigen elektronische Anzeigetafeln, wann der nächste Bus kommt, oder Fahrgäste informieren sich über Apps, wie den TfL Bus Tracker oder Citymapper. Bezahlt wird nur mit Oyster Card oder einer »kontaktlosen« NFC-Kreditkarte, die beim Einsteigen auf das gelbe Einlesegerät beim Fahrer gehalten wird. 1,50 £ für alle Busfahrten binnen 1 Std. Zum Aussteigen den Klingelknopf im Bus betätigen.

URLAUBSKASSE	
1 Tasse Kaffee	3,00–5,00 €
1 Bier	3,90–6,00 €
1 Brot (ca. 500 g)	1,50–3,00 €
1 Schachtel Zigaretten	12,50 €
1 Liter Benzin	1,50–1,80 €

U-Bahn, DLR und Bahn

Die *tube* (zu Deutsch: Röhre) ist Londons schnellstes Verkehrsmittel. Werktags fahren die Züge von 5.30–24, sonntags von 7.30–23.30 Uhr, Freitag- und Samstagnacht sind sechs Linien durchgehend in Betrieb *(night tubes)*. Fahrkarten können am Schalter oder Automaten gelöst werden. Kartenleser sind an den Sperren zu Bahnsteigen zu finden. Die fahrerlose Bahn **DLR** (Docklands Light Railway) nach Greenwich fährt alle 10 Min., und zwar tgl. von 5.30–0.30 Uhr (Abfahrt: Bank).

Oyster Card

Die Oyster Card ist eine elektronische, aufladbare Fahrkarte, die für alle Londoner Verkehrsmittel gilt: Bus, U-Bahn, Vorort-Zug, DLR, Emirates Air Line Seilbahn und Thames-Clipper-Wasserbusse. Jedoch nicht für Flughafen-Transferzüge. Erhältlich ist sie in Bahnhöfen, Zeitungsläden oder bei **www.tfl.gov.uk**. Wichtig ist, die Karte am Start jeder Fahrt und am Ende (außer in Bussen) auf den gelben Kartenleser zu halten, sonst wird der höchste Tagespreis berechnet. Sie hat kein Verfallsdatum. Visitor Oyster Cards (Preis 5 £) mit Guthaben von 10 bis 50 £ können auch online bestellt werden.

Außer der Oyster Card gibt es noch die **One Day Travelcard**, Preise 13,10–18,60 £, je nach Entfernung (Zonen) und Tageszeit. Mo–Fr nach 9.30 Uhr sind die Fahrten günstiger. Ferner gibt es die **Visitor Travelcard** (für 1–7 Tage), Preise 13,10 und 18,60 £ (1 Tag, Zone 1–4/1C6), 35,10 und 64,20 £ (7 Tage, Zone 1–2/1–6).

Taxis

Das gelb erleuchtete *for hire* zeigt einen unbesetzten Wagen an. Preisgünstige Alternative: Mini-Cabs, die telefonisch vom Hotel bestellt werden müssen oder Taxis per App, wie z. B. Uber.

Zeitverschiebung

In London gilt die Westeuropäische Zeit (MEZ -1 Std.).

Zoll

Auskünfte für Deutschland: **www.zoll.de** Österreich: **www.bmf.gv.at/zoll** und die Schweiz: **www.ezv.admin.ch**

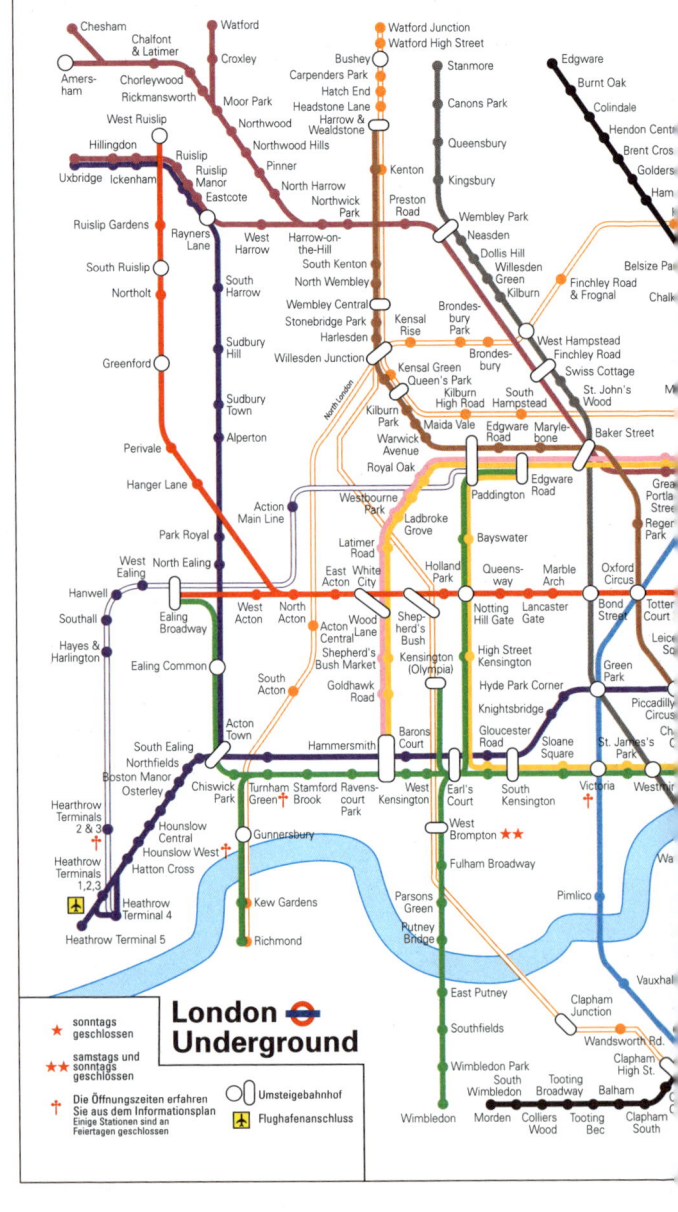

London Underground

	Bakerloo		Hammersmith & City		Piccadilly		TfL Rail
	Central		Jubilee		Victoria		London Overground
	Circle		Metropolitan		Waterloo & City		Docklands Light Railway
	District		Northern		Emirates Air Line		

43

Kaiser Claudius gründet die Siedlung **Londinium**, die Themsebasis der Römer bis 410.

886

Alfred der Große, König der Angelsachsen, macht London zur Hauptstadt.

1176

London Bridge, die erste Steinbrücke der Stadt, ist bis 1750 die einzige Themseüberquerung im Zentrum Londons.

200

Die **London Wall**, Stadtmauer, wird gebaut, deren Verlauf heute noch teilweise zu sehen ist.

1066

William the Conqueror wird in der neuen Westminster Abbey zum König gekrönt.

1348

Der »Schwarze Tod«
raubt halb London
das Leben. Die Pest
tötet 40 000 Menschen.

1558

Elizabeth I. besteigt im
Alter von 25 Jahren den
Thron und ihr »Goldenes
Zeitalter« bringt Frieden
und Reichtum.

Unter Edward III. wird das
britische Parlament in Ober-
und Unterhaus unterteilt,
House of Lords und **House
of Commons**.

Henry VIII. gründet die
anglikanische Kirche und
löst alle Klöster auf. Er ist
jedoch hauptsächlich für
seine sechs Ehen bekannt.

Seelord **Sir Francis Drake**
besiegt die spanische
Armada im Ärmelkanal
und verhindert eine Invasion.

1341

1534

1588

1591

William Shakespeares erstes Theaterstück »König Heinrich VI. Teil 2« wird in London aufgeführt. 1599 entsteht sein Globe Theatre.
→ S. 101

1666

Nachdem die **Große Pest** in London wütet, zerstört der **Große Brand** fast vier Fünftel der Stadt.

Guy Fawkes' Sprengstoff-Attentat, der sogenannte **Gunpowder Plot**, auf das Parlament misslingt.

Die erste **Volkszählung** ergibt: London hat mehr als eine Million Einwohner.

1605

1801

1837

Königin Victoria besteigt als 18-Jährige den Thron. Mit dem deutschen Prinzen Albert von Sachsen-Coburg und Gotha zeugt sie neun Kinder und wird »Großmutter Europas«. → S. 136

1863

Die **erste U-Bahn-Linie** wird zwischen Bishop's Road (heute Paddington) und Farringdon Street eröffnet.

Nach Cholera und dem »Großen Gestank« bekommt London **reines Trinkwasser** und **Kanalisation**.

1858

Elizabeth II. besteigt den Thron mit 26 Jahren und beginnt die längste Regierungszeit in der Geschichte des Vereinigten Königreichs.

1952

2005

Terroristen töten bei **Bombenanschlägen** auf U-Bahn und Busse 52 Menschen.

52 % der Briten stimmen 2016 für den **Austritt aus der EU**. Nach mehreren Verschiebungen erfolgt der Brexit unter Premierminister Boris Johnson am 31. Januar 2020.

2016–2020

BILDNACHWEIS

Titelbild (Treppenhaus in der Galerie Tate Britain), AWL Images: Travel Pix Collection
akg-images: 20, Fototeca Gilardi 119 | Alamy: A. Craig 40, Lebrecht Music & Arts 76, BANANA PAN-
CAKE 205 | AWL Images: M. Sykes 33, Travel Pix Collection 94, 175, 189, A. Copson 109, N. Isakova
180 | dpa Picture-Alliance: Gary Whit 169 | Getty Images: DEA PICTURE LIBRARY/De Agostini 16,
LightRocket/SOPA Images/K. Mayhew 34, BFC/J. Spicer 47, Bloomberg 78, AFP/L. Neal 89, Heritage
Images 107, In Pictures/S. Mellish 125 | GlowImages: 218 | H./S. Carstensen: 5 | Her Majesty Queen
Elizabeth II, 2019/Bridgeman Images: Klappe hinten | Huber Images: M. Rellini 6, 28, 117, H.-P. Merten
13, 206, S. Kremer 36, A. Saffo 54, Arcangelo Piai 60, 129, G. Santoni 67, 191, T. Draper 100, J. Foulkes 102,
K. Dadfar 113, Richard Taylor 153, C. Piccoli 179, 192, M. Thomas 200 | imago: ZUMA Press 81, United
Archives International 221 | INTERFOTO: LISZT COLLECTION 27, Mary Evans/National Archives 220 |
Jahreszeiten Verlag: Horst A. Friedrichs 48, T. Langlotz 122, 203, 224 | laif: EXPLORER/J.-M. Coureau 57,
robertharding/C. Mouyiaris 72, Loop Images/M. Cheetham 75, Archivolatino/L. Moscia 127 | Look:
Photononstop 83 | mauritius images: Alamy 19, foodcollection 51, S. Vidler 63, 98, Loop Images 185 |
plainpicture: Westend61/D. Schewig 161 | Seasons Agency: Kellner K. 14 | Shutterstock.com: PJ_Photo-
graphy 31, Spiroview Inc 172, MarkauMark 219, donfiore 222 | SIME: A. Saffo 9 | The Ampersand
Hotel 23 | Unsplash: J. Kalligas | vario images: B. Classen 85

Liebe Leserin, lieber Leser,

wir freuen uns, dass Sie sich für diesen MERIAN Reiseführer entschieden haben. Unsere
Autoren und Autorinnen sind für Sie unterwegs und recherchieren sehr gründlich, damit
Sie mit aktuellen und zuverlässigen Informationen auf Reisen gehen können. Dennoch
lassen sich Fehler nie ganz ausschließen. Wir bitten um Verständnis dafür, dass der Verlag
keine Haftung übernehmen kann.

Ihre Meinung ist uns wichtig. Bitte schreiben Sie uns:
GRÄFE UND UNZER VERLAG
Postfach 86 03 66, 81630 München, www.merian.de

Leserservice
merian@graefe-und-unzer.de
Tel. 0 800 / 72 37 33 33 (gebührenfrei in D, A, CH), Mo-Do 9-17 Uhr, Fr 9-16 Uhr

PEFC
PEFC/18-31-506

© 2020 GRÄFE UND UNZER VERLAG
GmbH, München
MERIAN ist eine eingetragene Marke der
GANSKE VERLAGSGRUPPE.

1. Auflage 2020

Alle Rechte vorbehalten. Nachdruck,
auch auszugsweise, sowie die Verbreitung
durch Film, Funk, Fernsehen und Internet,
durch fotomechanische Wiedergabe, Ton-
träger und Datenverarbeitungssysteme
jeglicher Art nur mit schriftlicher Genehmigung des Verlages.

**Bei Interesse an maßgeschneiderten
B2B-Editionen:**
roswitha.riedel@graefe-und-unzer.de
Bei Interesse an Anzeigen:
KV Kommunalverlag GmbH & Co. KG
Tel. 0 89/9 28 09 60
info@kommunal-verlag.de

Die Autorinnen danken Annette
Klockmann und Ragna Mueller Bowen
für ihre Unterstützung bei diesem Buch.

Verlagsleitung Reise: Grit Müller
Verlagsredaktion: Susanne Kronester
Autoren: Heidede Carstensen,
Sünje Carstensen
Redaktion: Rosemarie Elsner
Bildredaktion: Dr. Nafsika Mylona
Schlussredaktion: Christiane Gsänger
Reihengestaltung: Independent Medien
Design, Horst Moser, München
Karten: Huber Kartographie GmbH
für Gräfe und Unzer Verlag GmbH
Satz: Anja Dengler
Herstellung: Renate Hutt
Druck und Bindung:
Printer Trento, Italien

GRÄFE
UND
UNZER

Ein Unternehmen der
GANSKE VERLAGSGRUPPE

LONDON EN DETAIL

Schwarze Raben beschützen das britische Königreich. Einer Legende nach sind es die **Raben** im Tower of London, die das britische Empire zusammenhalten. Ohne die Vögel in der Burg am Themseufer würden die Monarchie und das Königreich zugrunde gehen. Der Ursprung dieser Legende ist nicht bekannt, doch König Charles II. glaubte an das prophezeite Unheil und ordnete an, dass mindestens sechs Raben ständig im Tower gehalten werden müssen. Zur Zeit sind es sogar sieben: Jubilee, Harris, Gripp, Rocky, Erin, Poppy und Merlina. 2019 brütete eins der Paare zum ersten Mal seit 30 Jahren. Von den vier Küken darf Rabe George im Tower bleiben. Die Vögel haben sogar einen eigenen Rabenmeister, der sie zweimal am Tag füttert, damit sie sich wohlfühlen und nicht wegfliegen. Die Zukunft der Monarchie ist also gesichert.

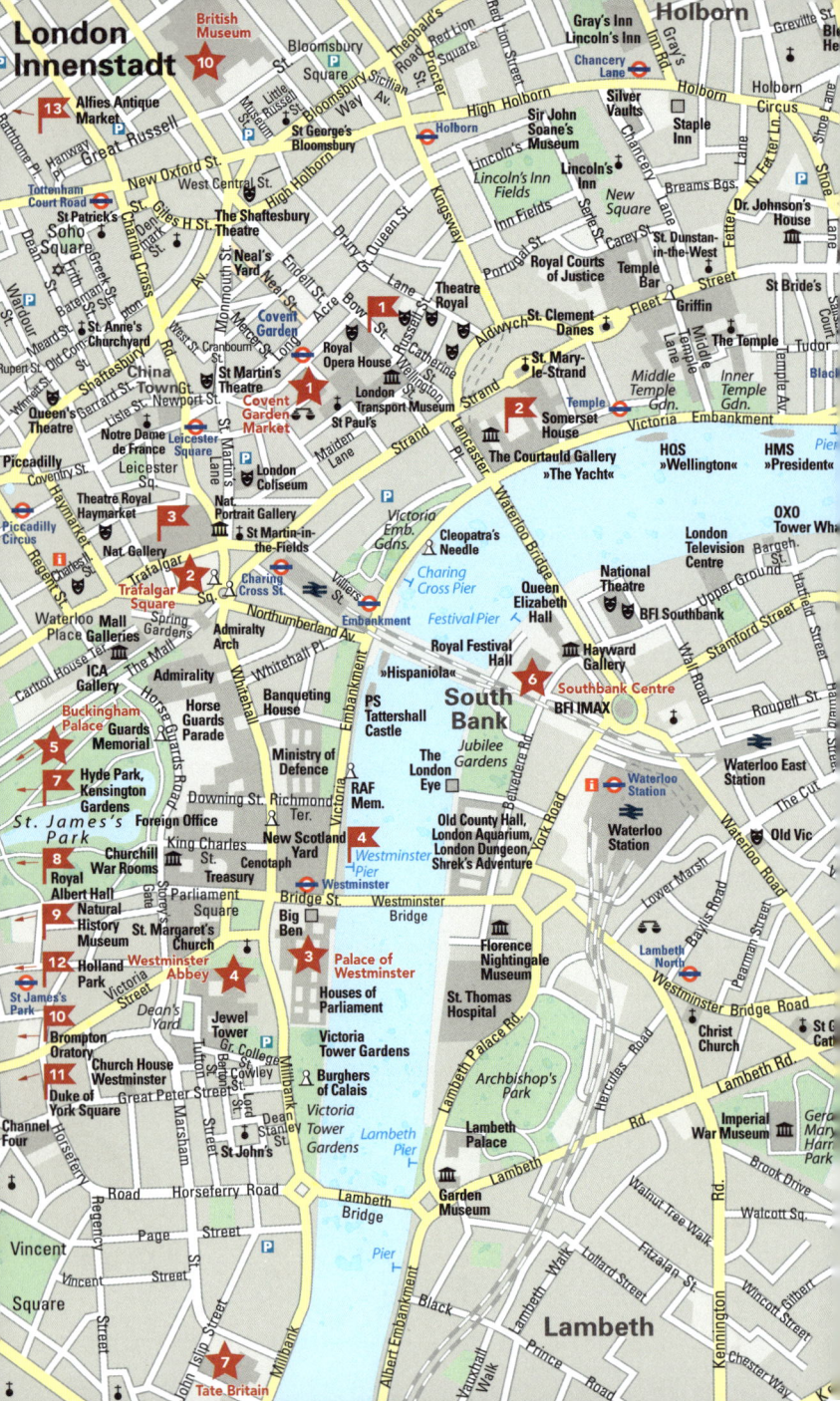